Tachibana
Shinsyo
TS

新装版

五十すぎたら読む本

深見東州
Toshu Fukami

たちばな出版

本書は、平成七年十月に、弊社より発刊された
『五十すぎたら読む本』を改訂したものです。

はじめに

私が原作をしたコミック（タチバナコミックシリーズ、たちばな出版刊）などで、私のことがマンガ風に紹介される時は、白いひげのおじいさんだったりする。だから、世間では私のことを、相当年寄りだと思っておられる人もいるようだ。

先日も、そういう若い方が見えて、たまたまいた私をつかまえて「あの、お兄さん、深見先生は今日お見えになりますか？」と尋ねたので、大笑いになった。実際の私は髪は黒々、目はパッチリで若々しい。嘘だと思ったら、私が主宰するワールドメイトという団体の、セミナーなどに来て、自分の眼で見てもらいたい。

それではマンガとかビデオで、白髪白ひげで描かれるのが嫌かというと、そうでもない。外見は別として、内面は十分に老けているし、老いることが悪いことではないとも思ってるからだ。

大体、このごろの若い人は、何かと言うと「オジン」「オバン」とか言って、熟年者やお年寄りを馬鹿にしたがる。いま若い人も、いずれ嫌でも「オジン」「オバン」になるというのに……。まあ、若者が年寄りを悪く言うのは、昔からのことで珍しくもないが、さらに良くないのは言われたオジン、オバンが本気で自分を卑下することだ。

年をとって、体力や持久力が弱るのは自然の道理だ。しかし、五十以上のオジン、オバン、ジジイ、ババアは、若い者が絶対に持てない良い点を、たくさん持っている。

そのことを、私はこの本で山ほど数え上げていくつもりだ。五十以上の方は、「そうだ、その通りだ！」と膝をたたいて賛同なさるはずだ。その意気、その意気である。

若い人は「エーッ、信じられなーい！　五十過ぎの人がステキなわけなーい！」と言うかも知れない。でも、熟年やお年寄りだけが持てる内面の素晴らしさを、若いあなたが身につける努力をすれば、あなたの人間的な魅力は何倍にもなる。きっと、若い方が読んでも、得るものは大きいと思う。

深見　東州

五十すぎたら読む本　――　もくじ

第1章

第2章 生きざま、死にざまを考える

装丁　宮坂佳枝

五十代はこんなに素晴らしい

第1章

若者よ、急に老けられるか？

若者には若々しさが利点としてあり、老人には良き老いがある。などと言っても、今の老人にはちっとも救いにならないはずだ。

私はそんな半端なことは言わない。

若い人よ、悔しかったら急に老けてみなさい、と言うのだ。どんなに頑張っても、年齢の差だけは超えられない。これはもう若い人間が逆立ちしても駄目なのである。

もう一つ、究極の救いの論理がある。若い人がいくら意気がっても所詮、彼も前世では老人だった、ということだ。そう言われてみれば反論できないだろう。たかが、今世生まれてからの時間を比べてみて、それがどうだというのだ。今世で若い人も年をとった人も、前世や前々世から通算で比べてみれば大差ない。

だから、今世で「若さの魅力で、私の勝ちね」などと、若い者が舞い上がるのはインチキなのだ。一皮むけば、前世はばあさんなのだから。

それよりも、今世でいえば年齢を経た老人の方がいいことはいくらもあるのだ。

中国では「老」「老人」は尊敬語

中国映画を見ていると、会話の中で、年がそう違わない同志に対して「○○老人」とか呼びかけるシーンがある。極端な時は、年が多い人が若い相手に「○○老人」とやる。

これは、別に「おい、深見のジジイ！」と馬鹿にしているのではないのだ。中国では、「老」とは尊いことを表わすのである。反対に小姐とか小児とか言われたら、相手は侮っているのだ。だから「若く見られた！」なんて喜んでちゃいけない。

老酒もそうだ。何年も寝かせて古いということもあるが、それよりも貴重で尊い酒という意味が込められている。中国に行くと、「老」は良い意味なのだ。

中国に端を発する団体で、「道院紅卍字会《どういんこうまんじかい》」という社団法人があるが、この団体では「至聖先天老祖《しせいせんてんろうそ》」という神様をお祭りしている。この神は北極星の神様で別名「北極老人」とも言われる神である。しかし、この北極老人も、年をとってるから「老人」なのではない。老祖というのは尊い祖ということだ。年とった祖じゃないのである。至聖先天老祖の御名には、北極星の神様を、至聖（聖なるものの極まり）の先天《せんてん》の神として、尊崇している気持ちが入っているのだ。

若々しい年寄りこそ最高だ！

即席中国語講座風にやってみると、

「你是我的老師」（ニー・シー・ウォー・デー・ラオシー）

これは「あなたは私の先生です」という意味になる。「老師」は先生だ。だから、大学を出たての二十二歳のお嬢さんでも「老師」になる。婆さん扱いされてるんじゃない。「老」とは、尊いということなのだ。

けれども、ただ年をとっているだけというのはありがたみに欠ける。それだったら高齢化社会の日本など、それだけで社会全体が尊敬に値するのか？　ということになる。

先天の魂の世界から言うと、若々しいということは、神気《しんき》に満ちているということだ。妙気《みょうき》に満ちている。神気みなぎっている人というのは若々しいのだ。だから、肉体年齢は年をとっても、中身は若々しいというのが、もう最高なのである。若々しい老人こそが理想に近いということだ。

白ひげは悟りのしるし、はげは知恵のしるし

ここで少々、神霊界の様子についてお話をしておこう。

私は少年の頃から人一倍「霊的能力」と言われるものが強く、今では修業のかいあって、様々な神様と交流したり、天眼《てんがん》でお顔を拝したりすることができるようになった。面白いことに、神霊界の神様のお姿で、ひげが生えて年をとっているというのは、深い悟りを得ているというしるしなのだ。深い悟りの知恵を持っておられると、大体、お年寄りのお姿で出《いで》ましになる。

また、若々しい顔で出てくる神様もおられる。少名彦《すくなひこのかみ》神などがそうだが、大体十三歳から十六歳ぐらいの間の、童顔で出てくるのだ。こちらは大体、発想の神様である。発想、閃《ひらめ》きの神様というのは全部、若々しい顔をしておられる。逆に深い咀嚼力とか悟りの叡智の神様というのは、年をとった神様で、ひげが生え

て、枯れた感じになる。

また、はげた神様というのは知恵の神様だ。悟りだけではなく、先の先まで見通しているとか、神の経綸《けいりん》（計画）や人生の方向性、天命などを司られる。先の北極老人もその一柱《ひとはしら》だ。そういう神様は、はげている。知恵は知恵でも、情感が枯れた悟りというのではなく、この北極老人のように、宇宙のコンピュータの如く、あらゆるものを悟っている頭脳ははげた姿で表される。要するに、髪というのは霊界では情感を表すものだ。現実的にも、髪を切るとさっぱりして、あまりクヨクヨと感情で思い悩むことがなくなる。坊主になって出家するのは、散髪代がかからないということもあるけれど、結局、この世の思いを絶つということなのだ。俗界、世俗の思いを絶つ。そのために、世俗の思いとか感情などを表す髪を断ってその意志を果たそうとするのである。

髪の毛が白くなっていくということは、すなわち、それだけ、人間的に枯れることであり、原点に返っていくことだ。本来の人間のあり方や原点をわかってくるという意味に考えていい。養分がなくなるから白くなっていくという生物的な理論もあるが、その奥にある神霊的な理《ことわり》はそういう意味になる。

髪がなくなるということは、感情とか情感を乗り越えた知恵を表す。だから怜悧な、クールな知恵を持つ神様ははげている。裁きの神様などもやっぱりはげている。

以前イスラエルに行った時、天眼で拝見した恐い神様（和名で言えば、真正の国常立大神様《くにとこたちのおおかみ》）も、やはりはげていた。それでいて面白いことに、目の下とか、頬のあたりに白いひげが生えているのだ。それにも意味はあるのだが、変わってるなと思う。

発想、閃きは若者が有利

さて、悔しいことだが、若ければ若いほど有利という分野も確かにある。それは発想、閃きだ。

私は恩師、植松愛子先生に、二十五歳のときに師事するようになったが、その時私達弟子は若者ばかりだった。そのとき、植松先生が私達に最初に教えて下さったことは、このことだった。

若い時にしかできなくて、年寄りがどうしても真似できないものは、御神業《ごしんぎょう》（神様事《ごと》）の世界では、発想と閃きだ、ということだ。植松先生はこうおっしゃった。

「あなたたち若い人は、若い時にしかできないものをまず磨きなさい。お年寄りがどうしても真似できないものは何かと言うと、もちろん体力もありますけれども、御神業の世界で言うと、発想と閃きです。発想や閃きというのは若ければ若いほど柔軟で、経験がない分だけ無から有を生む力があります。若い人がお年寄りに勝つのは、発想の世界、閃きの世界なのです。

発想と閃きがない若い人というのは、若い値打ちがありません。ただ体力が元気だというだけ。言うならば、犬でも猫でも猿でも蛇でも、若い犬、若い猫、若い猿、若い蛇は元気に違いない。動物と同じであって、どうということはない。

しかし、発想と閃きが豊かな猫とか、ものすごくアイデアに満ちた犬とか、独自なやり方を編み出した蛇とかというのはいません。人間の若者なればこそのポイントが、この発想と閃きなのですよ」と。

これはもう、若い人が年寄りに勝つ圧倒的に有利な部分である。

そのかわり、お年を召した人はどこで若い人に勝つかというと、やっぱり経験がある分だけの経験的な知識の面だ。それから、時間をかけて築いてきた社会の信用。また、時間をかけて育ててきた人脈。二十歳の人よりも、六十歳のほうが知り合いが多いのは当然だ。だから、人脈の広さ、量、それから築き上げてきた社会的な信用、積み重ねてきた知恵、これはもう若い人に圧倒的に勝てるところだ。知識もなく人脈もなく信用もないというお年寄りは、年齢というもののメリットを活かしていないことになる。

もしも、知識・人脈・信用という財産にプラスして、若々しく豊かな発想と閃きを持っているお年寄りがいたら、もう人類最高ということになる。向かうところ敵なしである。

年齢なりに長所を活かした修業を！

若い人は、若い人にしかできない長所である、発想や閃きを生かせばいい。体力があるから、もちろん体力を生かした仕事も良い。お年を召した人は、信用と人脈と、それから経験、知識というものを前に立てて、発想、閃きという足りないところを若い人たちから吸収したらいいのだ。

若い人の方は、発想、閃きはあるけれども、社会的信用と人脈と知恵、知識は足りない。そこをお年寄りに、礼節をもって知識を伺い、人脈を紹介していただき、引き立てを受ける。それから社会的信用をベースにしたもので動いていただければ、若い人の足りない部分を足してもらえる。そのかわり、発想、閃きのアイデアと、それから体力が元気な分だけ、体力が要るところ、労力が要るところをこまめに動けばいい。そういうふうに己の分《ぶ》を知ってやれば、うまくいく。

これは、仕事でも生活一般でも、何にでも通用する真理だ。

神霊界のあり様が、全くそのようになっている。神様も若々しい顔をしている方は発想、閃きがあって、動きもやっぱり活発だ。反対にお年を召した神様で、パパパパッと動いてるとか、ものすごい活動力を持つひげの生えた神様というのはあんまりいない。こういう方はやっぱり、落ちついて、穏やかに、もの静かにしていらっしゃる。

ものすごいエネルギーや活動力を持っている神霊というのは、龍のような猛々しい顔をしながら飛んでいるのであって、もの静かに飛んでる龍神なんてあんまりいない。やっぱり龍の顔というのは、炎をウワーッと吐くとか、火が燃え立つみたいな、激しい顔だ。こういう役を若い人がやればいい。

そういうことがわかって、ベストな二十代、ベストな三十代、ベストな四十代、ベストな五十代を送ってきた人が六十、七十になったときは、もうベストな老人になる。これは本当に尊い。お年寄りの持ってるところと足りないところをよく自覚して、その年代なりにいい人生を送ればよろしい、ということだ。

良き五十代をどう送るか？

さて、ある程度の年齢になってくると、世の中に何かを残したいという気持ちが強くなるようだ。とはいえ、何でもかんでも残せばいいというものではない。「虎は死して皮を残す」と言うが、「あの人は死んで、借金ばっかり残したねー」なんて言われないようにしたい。

私の場合は神霊家だから、世の中に神なる道や真実なるものを残すにはどうしたらいいかと考えたことがあった。すると、四十歳になった年の四月八日、お釈迦様の霊がいらっしゃって御神示をくださった。

どうすれば真実の道が広まるか、どうすれば世の中に残っていくんだろうか、どうすれば神の御心に合ったものを残せるか……そんなことはあんまり考えなくてよろしいと。真実なるものを深く追求した分だけ長く残るのだ、と。

真実なるものを広く咀嚼した分だけ、世の中に広く広まる。だから、おまえはただ真実なるものを深く広く求め続け、探求し続ける日々を送ってさえいればいい。どういう努力の方向性が要るのか、どういうふうに広まっていくのかということは神様がいちいち指示をされる、とこういうことだった。

確かに、真実を深く悟っていない人間の言ったことが、長く残るわけがない。真実を浅くしか咀嚼していない人間や、狭くしかわかっていない人間の説いたことが、そんなに広まるわけもない。

広いということは、真実なるものをあるゆる角度から、あらゆる意味で咀嚼することだ。その咀嚼があり、神の御守護があってはじめて、深く長く広く伝わるんだ、と。それができない人間に正しい神様がおかかりになって、長く広く道が伝わるわけがない、と。

私の場合には、植松先生、私と二代に渡って出されてきた神の道、神の御心《みこころ》、御神示や神業の足跡があるわけで、中身がないのに世の中に残るわけがない。そう、お釈迦様は私に教えてくださった。それは大自然の裁きに従え、ということだ。

大自然をお創りになったのが天界の神様だから、物の良し悪しは大自然が裁く。自然の法則が裁く。そして淘汰されて本当にいいものは残っていく。本当につまらないものは、化けの皮がはがれていくし、メッキははげていく。時間が裁くのが自然の裁きなのだ。時間とともに、素晴らしき良きものは残っていって、時間とともに、素晴らしき良きものは広がっていくのだ。これが大原則である。

その原則を踏まえないのに、いっときワーッと広がっても、またワーッと収縮するだけのこと。一時のブームに終わってしまってはいけないのだということだ。

どこかの教祖とお釈迦様の夢とは？

ところで、お釈迦様の話が出たので、余談ながら触れておこう。

この頃では、どこかの教祖が、

「お釈迦様が夢に出て来て、先生に弁護を頼めと言ったので、弁護して下さい」

と言ったとかいう。そのうえ、弁護士に弁護を拒否されたという。

霊界の法則からして、こんなことはありえない。お釈迦様がこういう現われ方をなさるはずがないのだ。

なぜ、そう断言できるのか？　お釈迦様が本当にそうなさりたければ、教祖の夢枕にでなく、その弁護士の先生の夢枕に立つとか、あるいは他のすごく影響力のある人にかかって説得なさるだろう。そうすれば、弁護を断られることなどありえない。教祖の夢に出たくらいで、弁護士が引き受けてくれるかどうか、高級霊ならわかりそうなものだ。お釈迦様は、そんな愚かな方ではない。

深く広く、正しく悟った人なら、こんな愚かなことを言うはずがない。また真の仏教者であれば、お釈迦様の面子《メンツ》をつぶすようなことを言うはずもない。お釈迦様が本当にそう望まれたなら、弁護を断わられるはずがないではないか。

もし本当に、その教祖がそういう夢を見たのであれば、それは何か別の邪霊がお釈迦様を騙《かた》って出たのであって、教祖が見破れなかったのだ。情けないことだ。

これは私が他の本でも、何度も書いて警告していることだが、観音様とかお釈迦様とか、高級神霊が夢に出てきて、ダービーの当たり馬券を教えるとかはならない。そういう安直な「お告げ」があったら、何か低級霊があなたを騙《だま》しに来たのだから、身を慎んだほうがいい。その他にも、幾つか審神《さにわ》（御神霊の正邪や高低を正しく見極めること）の秘伝はあるのだが、ここでは説明を省く。こうしたものに興味のある方は、拙著『神界からの神通力』（たちばな出版刊）などをご覧いただきたい。

よその教祖の批判をくどくどする気はないが、みなさんが真なるものと偽なるものを見分ける良い材料だと思うので、触れておいた。

矜操偏急《きょうそうへんきゅう》を戒めよ

人のことはさておいて、話を進めよう。

さて、若い人の中にも、世に何かを出したい、何かを残したいという大志を抱く人がいるだろう。だがそのためには、必ず心掛けておくべき点がある。

それはこういうことだ。私は二十五歳の時に、北極老人（老祖様）からこのように教わった。

矜操偏急を戒めよ、という教えだ。

ほんとうの真実なる道を勉強する人間は、「矜」「燥」「偏」「急」の四つを戒めなければいけない、と言う。

それはどういう意味か？

「矜」は、心おごり。矜驕《きょうきょう》の矜。大漢和辞典には出ているが、普通の国語辞典などにはあまり載ってない字だ。

「燥」は、あせり。焦というのは、いわゆる心のあせりだが、燥は霊的な部分でのあせりを意味する。

「偏」は、偏り。「急」は急ぐ。これはわかると思う。

知らないうちに人間というのは傲慢になっていく。知らないうちに、とにかくあせって、ものをやろうとする。また偏ってしまう。ものの考えとか進め方が、偏っていてはならない。

さらに、――急いで良くしよう。急いで道を得たい。急いでいいものを会得したい。急いで道を広めたいと思う。若い人はどうしても急いでしまう。素晴らしいものを広めたいと思うのは良いが、矜燥偏急に陥ってはいけない。これを、特に若い人間は気を付けなければいけないのだ。もちろん、年をとっても気を付けるべきなのだが。

私は、この年になるまであまり本を出さなかった。そのわけは、この矜燥偏急を戒めよ、という教えに忠実たらんとしてのことである。

二十五の頃から御神示を受けたりはできるようになっていたけれど、その戒めを胸に秘めて、もっともっと勉強しなければいけない、実践しなければいけないということで、さらに学ぶと同時に、社会に出て経営などを通じ、神の道を現実界に活かすことをテーマに実践した。その間も、出版の話はいろいろあったが、十年、三十五歳まで待って三十五から本を出した。

書きたい内容は山ほどあった。しかし、実際に組織力や社会における表現が十分でないうちに、どんどん出す気にはならなかった。神様の出そうとしておられる御心を、社会的にどう表現していけばいいのか、それには、未熟なままじゃいけないということで、もう十年、四十五歳までに何とかできれば、と思ってきた。

それゆえに、昨年までは出版も最小限度でとどめておいたのだ。今年（平成七年）からは、もう良かろうというお許しを神様からいただいて、少々ペースを早めて本を出しているが、自分の気持ちとしては、まだまだ追求、探求していこうということで、あまり大げさに世の中に宣伝したりはしないのである。

どんなに素晴らしい神霊界の教えであっても、やっぱり急いじゃいけない。本当のものを自分が体得し実践していかなければいけない、ということだ。

神様は優しいだけじゃない

ところで、一口に神様といっても、今までの宗教で出てきたような、お優しい

救いの面と、
「天地に仁《じん》無し。万物を以《もつ》て芻狗《すうく》となす。君子に仁無し、百姓《ひやくせい》を以て芻狗となす」
という面とがある。

この言葉は、天地に仁なんてない。万物をわら人形のように扱うんだという老子の言葉だ。君子に仁なんてないんだ。よろずの民（百姓《ひやくせい》）をわら人形のように扱い、血も涙もないように見えるところがあるんだ。大自然の掟とはそうなんだ、という教えだ。逆説に聞こえるが、本当の天地や君子は、こうした大自然の掟に従って、時には非情とも見えることをされるのだ。

つまり、優勝劣敗、弱肉強食。ライオンが生きていくためには、カモシカやシマウマは殺されて食われる。それに負けまいと思って、シマウマは〝速い足〟を得、カモシカは角を持つにいたる。大自然を見てみたら、このように優勝劣敗、優れたものが勝ち、劣ったものが負けていき、弱肉強食の原理に貫かれている。人間は文化があるから、動物ほどあからさまには表れないが、やはりそういう自然の掟の中にあって、いいものが残っていって、悪いものが滅んでいく。強いものが残っていって、弱いものが滅んでいく。

強さというものには、もちろん先天《せんてん》と後天《こうてん》があって、この世的に強いというものと、目に見えない部分が強く輝いているというものとがある。つまり陰《いん》と陽《よう》の強さだ。神様のお働きというのは、その両方がそろっている。

神様の働きというのは鬼《き》と神《しん》だ。物事が、素晴らしき良きものとして広がっていくという働きが神。これがまた枯れていって、お花が枯れるように散っていくのを鬼と言うのだ。鬼に点がない。熊野本宮大社の九鬼《くき》宮司の鬼の字と同じだ。これを鬼神の働きという。神様は優しいだけではないのだ。

三十五歳を境に、人は「神《しん》」から「鬼《き》」へ！

梅の木も桜の木も、季節になれば花がきれいに咲く。枝も葉っぱも美しい。しかし、そのずっと下には根っこがある。花と言うと、みんな花弁を思い出すが、花びらも枝も根も全部花であって、地面の下にグーンと根をおろしている。そこでは、ミミズが絡んでいたり、ダンゴムシが休んでいたりする。しかし、こげ茶色でみっともない格好の、その見苦しい根っこがあるおかげで、お花が咲いている。その花全てを神とすれば、いわば地面の上に出ている部分は「神《しん》」で、きれいな部分にあたる。

そして目に見えない根っこの部分が鬼《き》だ。ただひたすら養分を吸収する。やがて、花は枯れて、しぼんでいく。そして、枯れて全部消えて、また新しい種となり、鬼の中から神《しん》として出てくる。陰極まりて陽、陽極まりて陰で、物事が進んでいく。

同じように人生にもワーッと発展のときがあって、次にはまた衰えていく。いわば人間も、肉体次元がワーッと伸びる三十五歳までが大体、神《しん》のときと言えるだろう。三十五以降から、もう肉体は下降線をたどるのだが、やがて止まって、しばらく維持される。そして、またどん、と降りていく。四十二歳の厄年というのはそのターニングポイントなのだ。この、三十六歳くらいからが鬼の部分と言える。

それまでは目いっぱい、思い切り、自分の持っているものを伸ばせるだけ伸ばしなさい、ということだ。三十六歳からは、さらに本質を見ていくという目が起きていくのだ。

ユダヤの秘儀も五十歳以降に伝授される

ある年齢に達しないと駄目という教えは、これだけではない。

もう一つ面白いのは、カバラというユダヤの秘儀だ。このカバラというのは、五十歳以降からでないと秘儀が伝授されないことになっている。カバラにはいろいろな密意があるが、ごく簡単に言えば、数霊の一種であり、神の働きを数で表したものだ。

例えば、一という働きの神様。二という働きの神様。三という働きの神様。四という働きの神様。基本数は、一から四までなのだ。その四数を基本として、十までの数がある。それぞれの数に神様のお姿があるという。そしてさらに奥伝に入っていったら、一という数の働きの本当の意味と使いこなし方が伝授される。

さらに二、三、四と。

つまりカバラとは、どういうふうに十までの働きがあるのかという数霊の本当の意味を教えてもらって、意味だけじゃなく、数霊の本当の働きまで明かすというのが、その秘儀の原則なのだ。

そしてこの秘儀は、五十歳からでないと伝授されないものなのだ。

人生の経験を積んで、まあ、世の中ってこんなもんか。男ってこんなもんか。女ってこんなもんか、家族ってこんなもんか、家庭ってこんなもんか、と大体世の中の大枠や要素が全部わかったときから、本当の数の働き、自然の成り立ちというのがわかって使いこなせるようになってくる。

だから、五十歳までは伝授しないということになっている。それ以前に早く伝授すると、秘儀のもつ意味に人が使われてしまって、使いこなせないからだ。若い人では、秘儀の力とか法則に翻弄されてしまって、それを使いこなせる主体性が持てないからというので、五十歳までは伝授されないのである。

こういうことからも、五十歳を過ぎた人が若い人には許されない権利、特質をもっていることがわかると思う。これは人類共通の知恵なのだ。

十干十二支が人の肉体の基準だ

森羅万象のあらゆることを一応学ばせてもらって、一巡したというのが還暦、六十歳だ。六十歳までで、十干《じっかん》と十二支《じゅうにし》の組み合わせを全部、ひととおり体験する。一般の方は、十二年に一度めぐる「十二支」しか知らないかもしれないが、気学や四柱推命をやっている人だったら、同じ子《ね》年でもいろんな子があることをご存じだろう。十二支（子《ね》、丑《うし》、寅《とら》…）が同じでも十干（甲《きのえ》、乙《きのと》、丙《ひのえ》…）が違えば、全く違った働きが出てくる。そこに九星（一白《いっぱく》、二黒《じこく》、三碧《さんぺき》…）の要素が加わると、もっと複雑になる。たとえば九星の「四緑木星《しろくもくせい》」の星の人には、十二支の面からいえば、子《ね》の四緑《しろく》、卯《う》の四緑、午《うま》の四緑、酉《とり》の四緑と、まあ四種類ある。その卯の中にも、またいろいろなものがある。

十干と十二支を合わせて、真の干支《えと》になる。これは天干地支《てんかんちし》ともいう。天の法則を十の法則で説明し、地の法則が十二の法則で説かれる。

余談ながら物事には「十二」という数を用いたものが多い。星座の十二宮とか、音楽の十二音階とかある。日本の雅楽でも十二の音階がある。今から二千五百年前の中国人のちょっとした地主みたいな人とか、地方長官のような人のお墓から、銅鐸のようなものが出てきて、これもすでに十二音階になっている。

これは、紀元前五世紀ぐらいのものだから、アテネが全盛期の頃と同じ頃だ。その時代に、中国でもう十二音階が全部できていて、今の西洋音階とほとんど同じなのだから驚異だ。これまでヨーロッパ——アテネ、ギリシャでできた西洋音階が東洋へ伝わったんじゃないかと言われてきたけれど、それよりも中国のほうが古いか、ほとんど同じなのだ。だから、中国のほうからヨーロッパへ行ったんじゃないかと、最近では考えられている。

ともあれ、地の法則を記した十二支の働きと、天から来る十干の働きとの組み合わせで、六十通りのパターンがある。一年ごとにその干支が進んでいって、六十年で一サイクルだ。だから、六十年すぎると干支が一巡して、同じ年が還ってくるという意味で「還暦」という。還暦を迎えて、世の中の全てのパターンを学んで、六十一からはもう一回、一から始まることになる。大体、これが私たちの肉体が持っている一つの大きな基準だ。

十年準備して次の活動に備えよ——いつも十年先のために

それでは、五十代では何をなすべきなのか。神様は私に、四十歳からの十年間というのは五十代からの準備なんだとずっとおっしゃっている。だから、真実をより深く、より広く探求するという四十代のテーマが、実は五十代からの私を形成していく基になるのである。

そのことを、植松先生は私が二十五歳の頃から、私たちに教えてこられた。

私が二十五歳で植松先生の元へ入門し、その時から御神業が始まったのだが、それは私の、三十五歳からの自分のための準備だったのである。だから、その教えの通りに三十五歳で本を出した。実際に、二十五歳からの十年というのは、三十五歳からの活動の準備となったのだ。それでは二十五歳からの十年というのはどうか。十五歳が問題になる。ぴったり十五から私は御神業を始めている。どうしたかというと、十五歳の四月八日に私は本格的に信仰を始めたのである。ちょうどお釈迦様の誕生日だ。で、四十歳の四月八日、やっぱりお釈迦様の誕生日に、お釈迦様の霊がいらしたのだ。だから、十五から二十五までの十年間に学び習得してきたものが、二十五から開花したのである。

同時に、二十五歳からの十年は三十五歳からの準備である。三十五から四十五までの私は、二十五から三十五まで磨いてきたものの成果だ。こういう十年単位の、あるいは十年後からの世代がわりの準備を、その前の世代の十年でやるんだということだ。だから、「四十歳から、真実をより深く、より広く」という教えは、五十歳からの自分の生きざまの準備のためだということがわかる。

そうすると、今五十歳の人は、六十歳の、五十一歳の人は、還暦以降の自分の人生をより素晴らしく、よりよく生きていくための準備なんだということがわかるはずだ。十年先、十年先の自分を見ていって、腰を据えて、人生や神様や永遠なる道を探求し広めていくという努力が要るということである。

少なくとも私は植松先生にそう教わって、素直に、そうなんだと信じて生きてきた。二十五歳から一生懸命、御神業と神人合一の道に邁進してきた。経済活動とお弟子の教育、すべて神様事《ごと》一本で、趣味などする時間は全くゼロだった。元来、ものすごく多趣味の人間が、十年間、何の趣味も持たずに打ち込んだ。そういうふうにする意識もなく、もうとにかく神業と仕事だけだった。仕事も神業の一環として、どうしたら世の中の活動に神業を活かせるかというテーマでやっていた。スキーだとか作曲だとか噴き出したように、いろんなものを勉強し始めたのは三十五歳からである。

何歳になってもこの原則は変わらない。還暦を過ぎた人は、古稀《こき》からの準備だ。古稀の人は、傘寿《さんじゆ》のお祝いのため。八十歳の人は、九十歳以降の準備、九十歳の人は、百歳からの生活設計をする。常に十年先を目標として見ていかなければ、いいもの、大きいもの、高いものを吸収する気にはならないものだ。十年単位ならやれるけれど、一、二年先を考えるだけでは一、二年でこんなことをしてもと思うから、修業に腰が据わらない。習い事でも何でも同じだ。

太陽神界は十年単位で動く

この十年単位というのが、実は太陽神界の天照大御神様《あまてらすおおみかみさま》の尺度なのだ。天照大御神様は、太陽に象徴される繁栄、成功を司る。人間、何事か始めれば、大体八年目ぐらいから成果が出てきて、さらに二年間はもう一回、熟練して、繰り返しして完成にいたる。ここが仕上げだ。だから、形に出てくる成果はどんな分野でも大体八年目ぐらいから出てくる。

もう嫌になるところを何とか乗り越えたというのは三年目以降。三年目までは何をやっても嫌になることがある。何でこんなことをしなきゃいけないんだ、と思ってしまう。ところが三年やってると、嫌だという気持ちがなくなってきて、五年目ぐらいから堂に入ってくる。そして八年目に成果があらわれて、十年目に完成することになる。この尺度で太陽神界の天照大御神様は動かれて、一生涯を通じたピークとかターニングポイントが現われてくるのだ。

自分自身の内的修業、内的錬磨、向上というのは、あくまでも十年サイクルで、これは何歳になっても変わらない。

もう一つ、一般的に五十代からこうなるよ、と神様に言われていたことをちょっと紹介しよう。

今の日本で、世の中を動かしている人というのは、大体、五十代から六十代の人だ。会社の社長クラスというのは、おおむね、定年が五十五歳か六十歳なので、取締役とか代表取締役というのも五十代の人が多い。それから六十代の中盤ぐらいまでだ。そして、六十五歳から年金がおり始めるから、日本の国は六十五歳から、おじいさん、おばあさんというふうに定義していることになる。

つまり老後というのは、大体六十五歳以降だから、五十歳から大体六十四、五ぐらいまでが、社会で一番決定権を持っている年代だということだ。

世の中の仕組みとして、五十代で人はピーク、トップの位置に立ち得ることになっている。けれども、だれでもトップになれるわけではない。そうなるためには、その前の十年間の努力、がんばりが必要になるということだ。

脳が一番働くのは五十代だ

五十代の人には、さらに力強いデータがある。最強のデータといっても良い。

それは脳の働きだ。

実は脳ミソは、五十代から一番よく働くと言われているのだ。これは大脳生理学で、脳の専門家が言っている言葉だ。

たしかに記憶力のピークというのは十六、七歳ぐらいで、高一から高二ぐらいだ。だからいろんな知識はこの時期に吸収した方がいい。しかし、脳全体としては、記憶力は少し衰えるかもしれないが、判断力や類推力、咀嚼力や表現力など全体に見て、脳が一番活発に動いているのは五十代からなのだ。脳というのはエンジンがかかるのに、なんと五十年かかるというわけである。

残念ながら、記憶力だけは衰える。それは、二十歳から脳細胞はどんどん死んでいくからだ。けれども、人間というのは、全体の九五％ぐらいの脳細胞は、皆、使わないままで終わっていくというから、脳細胞が死ぬ量以上に、未使用部分をますます活性化させていけばいい。そう思えば、脳細胞が死んでいくことなど全く怖くない。使えば使うほど、脳は蘇るのだ。

だから五十代の人は、脳が一番よく動くお歳になるので、その割には…とならないようにしなければいけない。ともあれ、地位的にも、脳ミソの実力からいっても、世の中を一番動かしてるのが五十代なのだ。

五十代の人というのは、誰も若者とは見ないから、あまり力仕事を頼まれもしない。しかも、軽んじられることもない。かと言って年寄り扱いもされないし、老人ではない。六十五歳までは政府も老人と認めてないわけだから。

だから、この五十歳からの十五年間というのは、若い人たちの習得の十五年間とは違って、脳が一番よく動き、人脈と社会の信用と、経験、知識が積み重なった上での十五年なので、人によっては百五十年分ぐらい生きる人もいる。もっとも二、三年分ぐらいしか生きない人もいるが…。ともかく一生のうちで、この十五年間が、もっとも社会表現ができる、一生涯残していく活動ができるわけだ。まさにゴールデン・エイジというべき時期だ。こんな素晴らしい時期が待っているのだから、若い人ならそれまでに訓練、勉強、修業をしない手はない。

画家の卵は五十過ぎの成功を目指せ！

画家の卵は、大体五十歳ぐらいから一人前の絵描きさんと認められるらしい。五十一歳の絵描きさんといったら、あ、まだ若いですねというわけだ。

絵の世界が一番老人に有利と言える。奥村土牛《おくむらどぎゅう》なんて百一歳で亡くなった。日本画家では富岡鉄斎《とみおかてっさい》、上村松園《うえむらしょうえん》、浮世絵なら葛飾北斎《かつしかほくさい》、みんな相当に長生きしている。近代最大の陶芸家で絵も描けた板谷波山《いたやはざん》もそうだ。西洋だと、ピカソ、ミロ、さかのぼればゴヤとか、ともかく大家は老いを感じさせない名作、傑作を超老後にたくさん残している。

中には不幸なことに、生前に絵が一枚も売れなかったというゴッホのような人もいるが、それは早く死んだからで、そろそろ絵の中に磨きがかかってきたころだと言われるのが、五十代なのだ。大体五十代からその人の絵が売れ始める。それまではもう若い若い絵描きさんでしかない。だから、小さいころから絵をやってる人、例えば十歳から絵をやってる人は四十年間も待たなきゃいけない。大変な精進だ。

岡倉天心《おかくらてんしん》の弟子に横山大観《よこやまたいかん》、菱田春草《ひしだしゅんそう》という画家がいた。あの春草のピンク色の空を描いたりするセンスはいいと思うけれど、早く死んでしまった。絵描きさんの中では本当に早死にの人で、もうひとりの長生きした大観とは対照的だ。お話の世界でも、若い貧乏絵描きというタイプは良く出てくるくらいで、絵描きで若い＝貧乏というのは定着したイメージとなっている。日本でも全国に大勢いるはずだ。でも、そういう人でも、成功は後からやってくるのだ。

私も絵を描いているが、まだまだこれからだと思っている。五十代までに、いかに自分を修養し、体力を磨き、どうすれば思い切り自分が社会に貢献するようなものを残していけるのか、ということを考え、目標に頑張ろうということだ。

生きざま、死にざまを考える

第2章

五十過ぎて起こる自己保存の欲

五十歳になったら気を付けなければいけないことがある。それは、野心が出すぎる可能性だ。というのは、一生懸命若いうちからやってきて、それなりの積み重ねがあって、五十代、いよいよこれから社会で活躍という時期になる。ところが五十歳になってくると、体力は衰えてくる。もちろん、四十二の厄年ぐらいから体力がどんと落ちてきて、五十になると、全体的に円熟はするんだが、体や記憶力の衰えは否めない。

体力が衰えてきたら、人間はどうなるか。今まで何十年か一生懸命やってきたことを、何とか世の中に残したくなる。何とか社会に残したい、社会的に自己表現したい、自己実現をしたいと、五十歳になってきたら多くの人が痛切に思うものだ、と神様はおっしゃる。私も、多くの人の相談を受けてきて、それは本当だと思う。

円熟はするのだが、いかにこれを世の中に浸透させようかとか、いかに世の中にこういうものを訴えようかとか、いかに世の中にこういうものを打ち出していくのかということに心が向いていくようになる。

動物というのは、体力が衰えてもう死ぬ寸前になってきたら、体が子孫を残そう残そうというふうに思うらしい。もう寿命が尽きかけて、体力が本当に極限状態になってきて衰えてきたときに、逆に性欲が出てくるそうだ。

それは、子孫を残さなきゃいけないと体が知ってるわけだ。肉体がなくなるその前に子孫を残さなきゃいけないと、体は思うらしい。人間も同じだ。人間の場合には、死ぬ直前というよりも、もう五十代からその傾向が出てくる。それを乗り越えるのには、肉体がなくなったってあの世に行くんだから、どうってことないんだと体に言って聞かせれば、ああ、そうかと体は思うだろう。しかし生物的にはそういう傾向があるのだから、気を付けなければいけない。

体もそう思うぐらいだから、精神の方もそう思う。五十代になると、体が衰えてきて老化してきたな、もう自分の命というのはそんなに生きられるわけじゃないしなと思って、これだけは残したいと思ってしまう。自己保存の欲といってもいいだろう。我執の一種だ。こうなると、そちらばかりに知らず知らずのうちに気持ちが執着して、芸術家なら創造力、ビジネスマンなら営業力・交渉力、神霊家なら神通力がなくなってくる。私も、そうならないよう自戒している。いずれにしても、この、五十を過ぎるとどうしても出てくる欲を、何とかしなければ大きな物事は全うできない。

古今、親の溺愛が一生の成果を駄目にした

この残したい残したいという気持ちが、考えてみたら、実に怖いのだ。自分が一生懸命蓄えてきた財産を子供に残したい。一番可愛い子供に残したい。豊臣秀吉の晩年がこれだ。

秀吉は晩年、大事な大事なわが子、秀頼に自分の天下を渡したいと熱望した。直接血のつながりのない秀次に一度は関白を譲ったけれど、それをまた高野山に幽閉してしまい、しまいには切腹を命じて京都の河原に首をさらした。それでいまわの際まで、「秀頼をくれぐれも頼む」とばかり言いながら死んでしまった。

この執着が、結局は豊臣家を滅ぼしてしまった一つの大きな原因だ。

年をとってきたら、自分の作ってきたこの大事業を、自分の最愛の人間に残し

たいという思いが、誰にでもあるという好例だ。

大した仕事をしなかった人なら、実の子に継がせるものがないから問題ない。しかし、こういう大事業をなした人は、残したい欲のために事業そのものを駄目にすることがあるということだ。

今世で完全にやり切ることはない

このように年をとって、体が衰えてきたら、自分が今までやってきたものを世の中に残したいと思う。それは無理もないことだが、反面その「世の中に残したい、表現したい」というものが強すぎて、我執心、我執着、野心につながることが問題なのだ。

私の場合は神霊家として、特にこれを戒めている。そうでなければ、神様の大御心を世の中に広めていこう、神様の御心に合う人生を送っていこう、神様のお取り次ぎをさせて頂こうという気持ちに、陰りがさす。そのことを私は五十になった弟子の一人に常々注意していたのだが、実際は、まさにこの通りになってしまったことがある。

五十を越えると、どんな人間も野心家になる傾向がある。しかしもちろん、越えることはできる。そのためには、野心や執着を越えられるほど深く、自らの内を耕して、真実なるものを追求し、広く真実なるものを求めていくという人生に生きるということだ。

もちろん、五十歳から野心家にならないためには、四十代のうちに、野心家になるということを戒めて、どこまでも真実を深く探求し、どこまでも広く探求していくという自分をしっかりと作っておくことが望ましいのである。

そうかといって、ただ一人悠然として、仙人のような日々を送れというのではない。少しでも素晴らしきものを世の中に広め、少しでも素晴らしいものを世の中に発表していこうという意気は重要。しかし、野心が先に立ってやったのでは、駄目なのだ。

特に、神仏の道を多少なりとも心に持つ人なら、なおのことだ。経営者の中には、神仏を奉じる人が多いが、それも内面に確固とした輝きがあって、はじめて本当と言える。つまり、真実なるものを探求していく心（求道心）と、真・善・

美の神様の大御心を広める役をしよう、素朴で謙虚な求道者としての輝きがあった上で、おのずから表れる表現でないと、野心が先に立つ。そうなると、己を没することができなくなる。俺が俺がの我《が》が出てくる。自分を没しなければならないときに、スパッと消すことができなくなる。自分なんかどうでもいいというときと、自分をドーンと出さなければ駄目なときがあることがわからなくなってしまうのだ。

出しっ放しで収めることができなくなってはいけない。それはやはり、分別あるべき五十代の姿にあるまじき鼻持ちならない存在で、せっかく磨いてきた実力、地位の晩節を汚すことになる。そうなると、自らの努力をバックアップしてくれていた運気や天の助けも衰えてしまう。神霊家でいえば、神通力が冴えなくなって、霊格が鈍ってくる。私の場合ならば、もし野心が出たら、神人合一の道を追求し、探求し、その神人合一の人間像のひな型を作っていくという天命が果たせなくなってしまう。

真実なる通力と霊格を備えて、正しい神をお取り次ぎし続けた結果、教えや思想が広まっていくなら広まる意味がある。しかしそこがずれたまま広めてしまったら俗界に生きている今までの宗教家、宗教団体と何ら変わるところがなくなってしまう。そんなものは、しばらくしたら淘汰されて消えていくんだと神様はおっしゃる。

もし偉大なるものを悟り、会得したのに、現実界で十二分に表現ができないまま、死んで霊界に帰ったとしても、私にはちゃんと霊格が備わっていることになる。その時は、次期世代の人に私が霊界から加勢し、導けばいいんだ、だから焦ることはないんだ、とおっしゃるのだ。

伝教大師（最澄）も、自分の生きている間には大乗戒壇はできなかったけれど、それだけの清く正しき心で神様にお仕えした人だから、お亡くなりになった七日後に大乗戒壇の設立が許されて、最澄が霊界から守護したお弟子たちの手によって、比叡山が繁栄していったのだ。

だから、肉体がある間だけに焦って全部することはないんだ、と。この世的に見れば、志半ばで逝ってもいい。自分の魂の修養と、しなければならない足跡がある程度できていたら、霊界でも自在に活躍できる高い霊格の人となり、どんどん活動できるのだ。だから、この世の目というものを主にして生きてはいけないということだ。

もちろん、ある程度は世の中に残していかないと、後で同じ道に志して学ぼうとする人も、足跡がないから困るかもしれない。だから、何も残すなというわけではない。しかし、ともかく何でも残したいという欲心は、肝腎の残したいものをダメにしてしまう、ということだ。

出口王仁三郎《でぐちおにさぶろう》の大本教《おおもと》は、なぜ大弾圧されたか？

出口王仁三郎の大本教は戦前、大弾圧を受けて急激に小さくなってしまった。大本教の教えはまことに深い教えで、私なども大いに学んできた。ところで、この教団がなぜ大弾圧を受け、極端に規模を小さくさせられる憂き目にあったのか、私はずっとわからないでいたのだが、先年ローマに行った時、やっとわかったのである。

ローマのホテルで祈っていた時、神様が、ローマはなぜ滅んだと思うかと私に問われた。その答えとして、

「滅ばなかったら新しいものが生まれなかったからだ」と、おっしゃったのである。

その瞬間にわかったのだ。

大本教の出口王仁三郎には、ピークのときには八八〇万人、信者がいたという。あの明治・大正・昭和の、今の世よりも人口がグーンと少ない時代だから大変な数だ。それが大本教の第一次、第二次弾圧で激減を余儀なくされ、今、本当に熱心な信者さんは数万人ぐらいらしい。

その弾圧の最中に、王仁三郎は有名な『霊界物語』を口述した。大弾圧、つまり官憲の一斉手入れの流れの中で、大本教の本部にしかけられた三千本のダイナマイトがバーン、バーンと爆発する。その爆発音轟々たる中で、「ただいまから『霊界物語』の口述を始める」と、数人のお弟子と共に霊界物語に着手した。建物はやがて滅んでいくんだ。組織というのは、代がかわれば、やがて滅んでいくんだという、尊い無言の教えだと私には思われる。しかし、それでも滅びないものということで、大正十年から、『霊界物語』を口述されて残していかれたのである。

ドーンドーンとダイナマイトが爆発した音を聞きながら、『霊界物語』の口述を始め、大弾圧をものともせずに、ついに八十一巻口述された。私は二通り読んだが、一冊が四百ページであるから、膨大な量だ。

そして、弾圧による六年半の牢屋住まいから帰ってきたときに、本部の建物はほとんど崩壊していたけれど、梅だけが一輪咲いていた。ああ、梅一輪が残ったと、それを神様に感謝して祝詞《のりと》を上げた。結局は無罪になったのだが、戦前の大本教はこうして事実上崩壊に近い目にあった。

時は戦争の時代であったから、戦争に少しでも反対するものは大弾圧を受ける時代だ。その戦争時代に加担して時流に乗っていくのか、宗教的な真実というものをどこまでも貫き通していくのか。前門の虎、後門の狼で、どうすることもできない。じっとしていてもやがてどちらかに食われてしまう。そのときどうするか。王仁三郎は、自分の方から虎に食われていくしかないと動いたのである。前門の虎、後門の狼、ならば自分の方から前に進んで虎に食われたら、愛と誇りが残るんだと、そう選択したのである。

それはお釈迦様の捨身《しゃしん》の活動という教えにも通じている。自分から捨て身になって、腹をすかせた畜生に自分から食われて修業が成ったと、お釈迦様の前世記で出ているのと同じである。前世記というのは前世の記録だ。

聖徳太子一族の滅亡の意味

このお釈迦様の話を、聖徳太子も学んでいたようだ。聖徳太子の厨子《ずし》の中に、その図がよく描いてある。自分から食われてやることによって、真実なる仏様のお働きを全うするという姿勢だ。その証拠に、息子の山背大兄王《やましろのおおえのおう》がとった行動が、やはりこの教えに基づいている。

聖徳太子がお亡くなりになったあと、大変人望が篤かった息子の山背大兄王を亡き者にしようと、蘇我入鹿《そがのいるか》が戦《いくさ》をしかけてきた。

ところが、その時は山背大兄王の軍の方が多かったし、山背大兄王が「それーっ」と号令をかければ戦にも勝てたのである。しかし山背大兄王は、今軍を起こせば多分勝つだろうが、そのためにどれだけ多くの人間が死ななければならないか…ということを考えた。その時、どっちが勝つかが問題なのではない、どっちが勝っても、政治がちゃんとうまくいって、庶民が平らけく安らけくなることが御仏の道なんだと判断したのである。

どっちかが勝ったらどっちかが負けなければいけないわけだから、自分がそのために負けようということで、山背大兄王以下、聖徳太子の息子さん、お嬢さん、二十数名は全部自殺したのだ。戦を起こせば勝てたのだから、今から考えれば少々覇気がなさすぎるようにも思えるが、この捨身の活動によって、戦はいっぺんに収まったのである。山背大兄王はそういう死に方を選んだ。そういう行動をとったということは、やっぱり、お父様の聖徳太子がそういう思想であり、そういう教育を施していたと考えざるを得ない。

そういう背景があったから、聖徳太子の命令で隋《ずい》に渡った高向玄理《たかむくのくろまろ》や僧旻《そうみん》や南淵請安《みなぶちのしょうあん》など、遣隋使で行った留学生が、帰ってきてこの悲劇を目のあたりにし、蘇我入鹿、許せん！　ということでクーデターを起こしたわけである。中大兄皇子《なかのおおえのおうじ》の存在は大きかったが、それだけではない。聖徳太子の命令で行った留学生が帰ってきて、初めて大化の改新がなったのである。

だから、後世のことを考えれば、それが一番良かったのかもしれない。聖徳太子は「未然をしろしめす」と日本書紀にも記された方で、ある種の超能力者だったから、そこまで見通していたんだろうと思うが、それにしても思いきった決断だ。ちょっと真似のできるものではない。

ギリシャ文明は滅亡して世界に広まった

そういう先人たちの事例と比べてみて、なるほどとわかったのだ。ローマ帝国崩壊の理由は、崩壊しなければ新しいものが出てこなかったからなのである。

ギリシャが、あれだけの黄金文化を開いたのが紀元前五世紀だ。それが次々にローマやアラブに攻め滅ぼされた理由は、攻め滅ぼされなければ新しい文化が出てこなかったからだ。これも神から来る、滅ぼしていくという鬼《き》の働きである。滅ぼすという鬼の御働きによって、かえってギリシャ文化は世界に広まり、永遠のものとなったのだ。

ローマはギリシャを政治的には征服したけれど、文化的に見れば逆に、ギリシャによってローマが征服されたと歴史学者は言っている。結局、攻め滅ぼされたギリシャが持っていたずばぬけて偉大なる文化と文明の中身が広まって、ローマ人の中身は全部ギリシャ文明になったからである。

それまでは私も、滅んでいくということが悪いこと、滅亡していくということが良くないことだと思っていた。ところがローマに行って、ローマ帝国の遺跡と足跡を見た後に、神様がお出ましになっておっしゃったことで、ようやく目覚めた。なるほど、物事には陰陽がある。栄枯盛衰というもの、決して「栄」や「盛」だけが素晴らしいのではない。滅ぼされて広まり、世界文化の礎となったギリシャは典型例だ。物事の栄枯盛衰の奥には、もっと深い御神意があるんだということだ。

一度滅びかけた大本教は別の形で再生

出口王仁三郎も、八八〇万人の信者を擁する大教団を作ったが崩壊し、その直接、間接の影響によって、生長の家、世界救世教、真光さんほか、大本教系の六十数名の教祖が出てきた。浜松にある三五教《あなないきょう》もそうだ。

だから、大本教系をすべて合わせると、今でも数百万人の信者さんがある。どういうわけか浜松の本屋で私の『強運』がずっと一番売れていたことがある。その理由がわからなかったのだが、その近くに三五教という教団があったからだった。なるほどなと思ったものだ。大本は大弾圧を受け、多くの信者がちりぢりバラバラに散っていったが、これにより各地に、淵源を同じくする神道系の霊格者を次々輩出していったわけである。

偉大なる中身を持っていたからこそ、教団としては悲劇を経験しても、後世に大きな影響を与えた。開祖出口ナオに最初に降りた『お筆先《ふでさき》』(御神示)には、「三千世界一度に開く梅の花　開いて散りて実を結ぶ」とある。梅の花というのは神界の花、神の教えを意味する。開いて散って実を結ぶ、梅の花。その短い言葉の中に、真実が全く語られている、本当にその通りになったのだ。

帝国を作ること、滅びることを恐れるな

だから人は、やがて滅びるかも知れないという理由で、帝国や大組織を作るこ

とを恐れてはいけないのである。

やがてそれは滅んでいくかもしれないけれど、その滅ぶことによって残していった足跡のエッセンスを持っていく人がいるからだ。野心家となることは戒めるべきだが、何も残さないようにと気を使うのもまた度量が小さい。ある程度の組織や、ある程度の人間、ある程度の社会への広まり、打ち出しというものがなければ、後から来る人たちが、何をどう学んでいいかわからない。

たとえ何十人もの弟子や部下にひどい目に遭ったとしても、そのうちに一人素晴らしい人がいたら、またそれが次の時代に発展していく。もっと腹を大きく持っていいのだ。

滅んだものを見て、あんなものは最低だと悟ればいい。その中にいいものがあったら、素直に踏襲しようとするのもいい。あるいは、ここをもう少しアレンジすれば深見東州さんも良かったのにねと、改良版が出てもいい。反旗を翻す、これもいい。逆にして成功したら、また良かったわけだ。

自分が作ったものがたとえ滅びても、こういう動きが起きてくれれば、立派に社会を感化したことになる。そういう新しいエネルギーが出てくるキッカケと、ある程度の形を世の中に出していくことは、自分の思った形でないとしても、意味が大きい。なぜなら、ある程度の形がないと後から来る人が何を学べばいいか分からなくなるからだ。一からやり直すのでは、とても効率が悪い。

たとえ志半ばでも、ある程度の形が成って、あとで組織がばらばらしてもいいのだ。どこまでも深い真実と広い真実を会得して、習得して、神様のお許しと霊格を受ければ、霊界で活動できるようになる。そうしたら死後の活動によって、本当の真心を持ち、神なるものを理解していて、天運と天命と素質があり、さらに努力を惜しまない人間に、応援してあげることができるのだから。

そういうわけで、人は野心がなければいいというものでもない。残すことで世に影響を与え、それが後の人の役に立てばそれは素晴らしいことだ。だから、帝国を作ることを恐れてはいけないし、滅んでいくことを恐れてもいけないのだ。

大教団の瓦解を予知していながら、教えを広めた出口王仁三郎

なるほど、出口王仁三郎もそういうギリギリの境涯に立たされて、八八〇万人

もの教団が小さくなってしまった。大本教の中心は綾部と亀岡、二カ所にあるが、その亀岡にある一番中心の月宮宝座を作るときに、王仁三郎は日本中の隕石を集めた。しかし、月宮宝座を作るときに、「ああ、これも壊されていくのか」とつぶやきながら建てていたと言う。彼は自分の大教団と壮厳なそういう建物がいずれ滅びることを知っていながら、教えを広めていたのだ。

だから私は、神様、なるべく未来のことは全部見せないで下さいとお願いしている。いつかは全部壊れていくのが天眼で見えたり、壊れていくのがわかっていたら、支部を作るのもやめようか、とか考えてしまう。何を作ったって、どのみち壊される日が来るからだ。

けれどその論理は、今着ている服をきれいに洗濯しても、どのみちまた明日汚れるんだからといって、ボロボロの服を着てるのと同じだ。散髪したってまた毛が伸びるんだから、と言って、ずっと長髪のままでいくのと同じでもある。その論理で行くと、散髪とかお掃除とかお洗濯というのは全く無駄だということになってしまう。何をするのも無駄ということになって、隠遁者にならなきゃいけない。

しかしそれでは、神様の御心を世の人々に伝えることも、神の息吹を世に残すこともできなくなってしまう。だから、王仁三郎は大弾圧をわかっていながら、八八〇万人も信者を増やしたのだ。それを思うと、やっぱり腹が太いと思う。

聖徳太子は目標のために子孫根絶やしを選んだ！

先程も述べたが聖徳太子の場合、山背大兄王《やましろのおおえのおう》が戦を避けるために自殺して、自分の一族全部が死に絶えた。梅原猛氏は『隠された十字架』などで、呪いがどうこうと言っているが、もっと別の聖徳太子研究の文献が真実を伝えている。

だが、河内《かわち》に聖徳太子のお墓があり、聖徳太子とお母さんと奥さんが祀られているのだが、聖徳太子はその墓を作るにあたって、子孫が根絶やしになるという墓相のお墓を作ってくれと言ったのである。

わざわざ、子孫が繁栄しないお墓を作ったというのは、どういうわけか。自分の子孫と家系が残ると、結局、門閥政治になってしまうことが太子には分かっていた。それは聖徳太子の大目標に反するものだったのだ。

当時は豪族の門閥があるがゆえに、わざわざ「和をもって貴しとなす」と言わねばならないほど、和が保たれない状態だった。それで、太子は冠位十二階制度を作った。それは家の閨閥《けいばつ》、門閥に関係なく、有能な能力のある人を政治家にし、役人にして、取り立てようというものであった。

ところが彼には、山背大兄王をはじめ、子供が何人もいた。この人達は人望もあり、聖徳太子の息子さんだからということで、権力を独占することになるだろう。それでは門閥政治、閨閥政治を否定して十二階制度を作ったのに、自分の息子が残ることによって同じようにまた派閥ができることになる。だから聖徳太子は、みずからの政治家としての使命と、真に日本を思う誠を果たさんがために、子孫が根絶やしになる墓相をわざと作ってお亡くなりになったのである。

子供がかわいそうといえばかわいそうではある。しかし、山背大兄王はそのあたりも理解していた可能性が大いにある。ああいう死に方をあえて選んでいるからだ。

私もそういうつもりでいるのだ。だから、ある程度本も書き、ある程度の会員も、狂奔にならない範囲で集めている。それで救える人々がいる以上、やっぱり広めていく意味はあるわけで、将来の崩壊を恐れていたら何もできない。世代がかわって、何かもめ事があって、揺さぶりがあって多くの会員がやめていってもかまわない。組織がばらばらになっても、またそれも楽しい。誰かが反旗を翻しても、それもいい。私の死後にアレンジが加えられてもいい、またそのまま残されても、それが御神意であるなら、それでいいじゃないかと。かくて、私はあくまで、明るく元気で前向きに今を生きているのである。

かくして私は形を残す道を選んだ

しかし最初は、先々のことを思うと本当に苦痛だったものだ。組織を作って神の道を広めるのはいいが、もし将来、正しいことを言わないようなお弟子が出てきたらどうしようかとか。会社でも何でも、二代目、三代目には、ろくなものが出ないという方が一般的であるからだ。

古い川柳に「売り家《いえ》と唐様《からよう》で書く三代目」というのがある。唐様とは、当時流行していた、明《みん》の文徴明《ぶんちょうめい》風の書体のことだ。

初代は立派な人だった。しかし二代目は甘やかされて、三代目はもう本当に放蕩三昧、芸事三昧にあけくれる。書だ、小唄だ、芝居見物だと洒落こんで、それでとうとう身代をつぶしてしまって、お屋敷に「売り家」と自分で書かなくちゃならなくなった。ところが、芸は身を助く（？）と言うべきか、あまりにも達筆の唐様で「売り家」と書いたものだから、そのギャップが何ともおかしい、というユーモラスな句である。

この川柳は、実に深くて、おかしくて良い。けれど唐様で売り家と書かれてしまう、初代としちゃたまらない、という心境なのだ。それで、そんなになるぐらいなら組織など作らない方がいい、という気持ちにもなった。しかし、それは違う、私は小さかったと思うようになったのである。

より深く、神の大御心を考えた場合、また後から来る人たちのことを考えた場合に、壊れるかもしれないが残した方がいいんだというふうに、心の中で覚悟を決めたのである。

確かに野心も恐ろしい。しかし、野心がないからといって、自分一人で修業して、世に何の善なる影響が残るか。自分の修業三昧というのは、楽は楽だ。人を使うというのは苦を使うということでもある。

嫁さんや子供を持つよりは、ひとり者でいるのが楽なのと同じだ。人を使うは苦を使う。お弟子を教育するというのが、どれほどストレスのたまるものなのか。弟子にしてみれば、師匠につくことがいかにストレスがたまるものかと思うかも知れないが、私にすればお弟子に教えるこの時間を別に使えば、いっぱい本も書けるし、いろんなことができるのにな、と思う。

しかし、神様の御心や植松先生から出されたものが何も次期世代に残っていかないということは、神様に対して申し訳ないことだ。そういう気持ちで、私は今の活動を行っている。

会社経営者はこう心得よう

私自身の話が長くなったが、これを通して何を言いたいか、会社を経営していらっしゃる方ならわかるはずだ。自分なりに三十年、四十年やってきた会社というものは、どうしても五十歳以降になったら、息子に継がせたい。あるいはまた、自分がやってきたものを世の中に残したいとも思う。

野心ではないにしても、今まで積み重ねてきたものを、子供に継がせたい。苦労してきた人であればあるほど、何とかして世の中に残したい。何とかしてこれを存続させたいと、そう思うのが普通だ。

しかし、今言った道心、神心から見たら、壊れていくのを恐れちゃいけないということになる。作るだけ作って、世に刺激を残して、後は好きにせい、とばかりに明るく元気に死んでいけばいいんだということだ。何度も言うようだが、自分の死ぬまでの修養と信仰力、道心が立派であるならば、死んで霊界に帰ってから子孫を助けることもできるのだから。肉体があるときの活動だけが全てではないのだ。

また逆に、五十歳になっても、自分の継承者がいないというケースもある。娘が二人いるだけで、娘のだんなは放蕩三昧とか、音楽の道に生きてるとか、公務員でなにか消極的だという場合もあるだろう。男の子をと思って七人産んだけれども、全部女だったという人もいるかもしれない。

その他でも、いくつになっても親のすねかじりしかしない息子だとか、今の時代は後継者がいなくて悩む人は多いのだが、こんな理由で一生懸命会社をやっていく意欲がないなんて思っている人にも、今のことが当てはまる。帝国を作ることを恐れてはいけないし、また帝国が崩壊することを恐れてはいけないということだ。

命ある限り、とにかく精進、努力して、六十代、七十代にはますます大きくしていけばいい。最後はもう財産分与は適当にして、従業員に還元すればいい。とにかく、そこまでやったという自分が尊いわけなんで、後のことは心配し過ぎぬことだ。馬鹿息子かと思っていたのが、実際、跡を継がなきゃならなくなった途端、えらく頑張って、なにか人格が変わったように事業をやることもある。逆に、素晴らしい息子に恵まれたと思っていたのが跡を継いだ途端、お父さんの悪因縁まで継いでしまって、道楽に走ってしまったり、そこから立ち直ってまた事業欲が出てきたりと、先のことはわからないものだ。

少なくとも自分が、前向きで明るく元気で神の御心に合うような人生を送っておけば、死んでもそれほど悪い霊界へは行かない。そういう人は、たとえしばらく地獄に行ったとしても、すぐリカバリーする力があるから、大丈夫だ。

信仰心のある人は地獄からでもリカバリー

そこにいくと信仰心のない人間は、死んでからどうしていいのか分からないから、地獄へ行ったら行ったままんまだ。

正しい信仰のある人は神の道も、地獄のあり様も知っている。私が原作をしたコミック本『完全霊界マニュアル』（たちばな出版刊）などにも、死後の世界の真相をある程度記しておいた。そういうものなどを通じて、霊界の様子や地獄からの脱出法を知っていれば、必ずリカバリーできる。一生懸命お祈りしたら、仏心ある人間はたとえ地獄にいても、必ずリカバリーできる。一旦神仏の道を勉強してきた者は、死んだらそれを思い出すから、地獄へ行ったら、まずいぞ、あれとあれとあれが悪かったかと反省する。そうしたらまたリカバリーできる。

徳川家康や秀吉なども、今では立派な大守護霊となって霊界で活躍しているが、皆一度は地獄へ行っている。そんな中で一番早く回復したのは織田信長だ。一番深い地獄へ行ったのは秀吉だったが、これも何百年後かにリカバリーしている。

しかし「地獄には行かなかったが大したこともない」という人間にだけはなら

ないで頂きたい。現世で何かを為し遂げ、その過程でやむなく多くの人を傷つけ、たとえ地獄に行くはめになっても、いっぱいお迎えが来るほどの大物であってほしい。「さあ、待ってたぞ、おまえ。しごきのコースはAからZまでだ！」と言われて、「うわあっ」と言いながら、しかし、「要するにZまでやったら許されますね」と、リカバリーする気持ちを持って、前向きに乗り越えたらいいのだ。そうしたら帰ってこられる。

こういうやる気と覇気のある人は、ものすごい守護霊、非常に役に立つ霊になる。後が気になるなら、それからまた息子に神がかればいい。だから、帝国を作ることや、またそれが滅んでいくのを恐れてはいけないのだ。栄枯盛衰は神心によるものだし、鬼《き》と神《しん》の両方あって神様なんだから、鬼のほうを恐れてはいけない。陰がなければ陽もない、滅亡は、新しいものを生むためにあるんだというふうにだけ、ものを考える。それがやっぱり陽の心だ。

息子や娘がどうしようもないとか、息子も娘もいないという場合も全く気にしない。子供がいない、継承者がいない、それから、ろくな子供がいないとしても関係なく、今の仕事があくまで自分の修業であり、自分の神試《かみだめ》しであり、やった分だけ自分の魂の糧《かて》になるんだと知る。それで大いに頑張る。それが一番だ。

ガチャガチャな死に方こそ理想だ

自分が生きている間に、後のことを思ってなんて考えて、あんまり完璧な死に方をすると、かえって良くないとも言える。私はもう最後はガチャガチャにして死んでやろうと思っている。後のことを考えて、きちーっとした死に方したら、その後の人は、することがなくなるからだ。

理想を言えば、私が死んでからミーティングとか反省会が開かれて、あの先生のこの部分は良くなかったとか、あんまりに楽しすぎて、真剣な神の道に生きる人が少なかったとか、あるいは、踊ってばっかりだから、踊る宗教みたいに誤解されたとか。それから、いつも歌ばっかり歌うから、歌謡曲とか、音楽をする人だけが来てしまって、絵画の人が少なかったとか、いろんな反省があっていいのだ。

それで、この収拾がつかない状態を何とかしなけりゃいけないという使命感に

燃えて、

「このままではワールドメイトは良くないんだー」

なんて言うような若い人が出てきたりする。

それから「植松先生が本当だ」、「いや、深見先生が本当だった」とか、両方本当だけども、いまいちだったから「いまいちの会を作ろう」なんてことになったら、それも面白い。

完璧なものを残していくというのは、後世の人に対してかえって申しわけない。精進、努力の余地がなくなってしまうからだ。だから、通とか、おしゃれな人は、どこか変なところを残して死ぬ。自分が本当に正しく真実なものを会得していれば、死後は霊界の活動があるのだから、ちゃんと霊界で調節できる。それで一向に構わないのである。

少々トラブルを残して死ぬのがおしゃれ

自分が中途半端な人生のままで、子孫のことばかりあまり考えて、相続税をどうしようとか、子孫のことを考え過ぎたりするのは良くない。そのことが心配で死んだら地縛霊《じばくれい》になったり、屋敷因縁の霊になったり、浮遊霊や仏壇の背後霊になったりするだろうからだ。

そうなると、子供が仏壇でチーン、「お父さん、お母さん」と言った時に、「おまえ、元気にやってるか」と心配して子供にビタッとくっついたりする。子供はなんだか体が重くなって、かえって元気がなくなったりする。お父さんとお母さんが亡くなってからというもの、前はシャキッと歩いていた子供が、なんかばあさんぽく歩くようになったりする。

子孫のことをあまりに考え過ぎた親というものは、マイナスの背後霊となって子供についてしまう。元来、人を守護するには相当の霊格が必要であり、神様の元で修業を積んで、資格を得なければ人につくことは許されない。ところが、子供を溺愛しすぎた親は、無許可で子供についてしまう。これは、子供にとっては大変に迷惑なことなのだ。

「おまえ、わしの気持ちを理解して」とか言うが、そんな人（霊）なんか理解しなくても、一万倍以上立派なお釈迦さんの気持ちを理解したほうがいい。孔子の気持ちとかイエスの気持ちを理解したほうがいいのであって、何でお父さんとお母さんの気持ちなんか理解しなきゃいけないんだと、子供は先祖の霊に反発するのが望ましい。

親の子を思う気持ちはわかる。しかし、その気持ちが偉大なるものなのか、高貴なものなのか、尊いものなのかどうかだ。

子孫のことを思う気持ちはわかる。しかし、実際に無断で子孫に憑いている霊を何人も救霊した経験から言わせて頂けば、子供のことをあんまり心配する本人は、ろくな霊界へ行ってない。いらぬ心配ばかりして、心を曇らせているからだ。だから生きている間から、子供のことをあまり悩まず、自らの為すべきことを精一杯することだ。帝国を作ることを恐れず、崩壊していくことも恐れない。大いに作っていけ、生み出していけということを私は言いたいのだ。それから、完成しないで何か子孫に問題を少し残して死ぬのがおしゃれだ。

哲学とか宗教、あるいは、理論でもそうだが、ちょっと粗っぽい、未完成なところを含んだものが、多くの人を惹き付ける。それと同じである。

子供たちは、お父さんを非難したり、先祖を批判したり何かしながら、それを元気とか活力の素にして生きていくのだ。あんまりピシーッとして死んだら、「立派な方でした」と言われるだけで、子供たちはすることがない。そうすると「売り家と唐様《からよう》で書く三代目」になるのだ。五十代からは、死後の霊界で子供に迷惑をかけないような自分作りを、やっぱり考えていかないといけないのである。

そして、どこまでも前向きで明るく意欲的でなければいけない。これが、五十代から気を付けよう、というポイントだ。私も真実なるものをより深く、より広く探求していく今の生きざまを、五十代から本物にしていかなければいけないと思っている。

野心がないことを至上の価値として、お弟子もとらず組織も持たず、世の中に何の感化力もないままというのは、結局は、後から来る人のことを考えたら、ちょっと薄情だ。少しく問題を残しながら、しかし立派だったたな、見習うべきところが多いし、反省すべきところも多いし、ちょっとアレンジすればいいんじゃないかといって、多くの方が参考にして下されば、それも世の中に残した影響力だ。

それは私だけでなく、五十代以降の皆さん一人ずつにも当てはまる。そのほうが、子供は立派に育つし、自分が死んでから霊界で立派な生きざまをすれば、また霊界から応援も送ってあげられるわけだ。少なくとも、神様の許しもないのに、生きている人間にとりついて、迷惑をかけるようなことをしてはいけない。自分が良い霊界に行けば、子孫を助ける力も授かるし、本当の意味で子孫のためになるのである。

子孫繁栄は陰徳の力

ところで、自分が死んだ後の継承をどうするか、といった外面のことよりも大事なことがある。また効果としても、よっぽど強力な法則だ。

それは、その人の「徳分《とくぶん》」というものである。

徳分については、拙著『信仰の道』（たちばな出版刊）などに詳しいが、ここで簡単に触れておこう。生きている間に、より真実を深く探求し、広く探求した人は、自らの内なる御魂《みたま》を向上させたという功《いさおし》を積んだことになる。この功を「徳分」という。厳密にいえば、真諦《しんてい》の探求や上乗《じょうじょう》に至ることは「陰」の徳分となる。

陽の部分は、人を救済し、社会に残した功績だ。これも徳分になる。では、徳分を積むとどうなるのか。自分自身の霊格や来世にも深く関係してくるのだが、ここでは子孫という面に限ってふれておこう。

上杉謙信と孔子さんを見たらわかる。たとえば孔子さんの子孫は今でも台湾に元気にいらっしゃる。非常に福々しい顔で、人徳高く、人格も立派な方だという。こちらは蒋介石《しょうかいせき》の政府で重要な役職を占めていた人だ。

それから、上杉謙信の子孫も、今なお元気に生きている。宿敵だった武田信玄は血筋が絶えたが、上杉一族は謙信を先祖として敬って、ずっと血脈が続いていった。さらに途中で「なせば成る　なさねば成らぬ何事も　成らぬは人のなさぬなりけり」といった米沢の上杉鷹山《ようざん》という人もあらわれ出て、上杉家を立て直し、今なお上杉一族は残っている。

つまり、子孫の命脈というのは、家の祖先が残した徳分次第なのだ。孔子の家系は、もう二千何百年も続いているのだからものすごい。上杉も戦国時代から直系の孫が残っている。

しかし、これらの先祖は形を残さなかった。子孫のために美田を残さずというくらいで、財産争いが起きてきて、人々がもめるだけだからだ。それでは何を残すのか。美徳すなわち徳分である。真実を深く広く追求し、それを表現して、徳分を残してきた人々は、子孫に、大きな見えない運勢を与えることで役に立っている。さらには、人々を少しく、あるいは多く幸せにしたという目に見えない徳分は、子々孫々まで残って、家を豊かに繁栄させていくものなのだ。

人心でああしよう、こうしようと子孫を案じるより、この方がよほど確実である。人も幸せになり、自らも幸せになり、子孫も幸せになるのだから、こんないいことはない。この「徳分を積む」ということは、五十代のみならず、どの世代の人にも忘れてほしくないことである。(どんな活動や言動が徳分となるのかについては、ここでは書ききれないので、拙著『信仰の道』や『究極の運命論』『大創運』『神界からの神通力』などを参照されたい。)

こういう先祖の徳積みを感謝してくれる子孫がいるかもしれないし、いないかもしれない。しかし、神々様の覚えはめでたい。ああ、これもご先祖さんが残された徳分のお蔭だと、そう思ってくれる子孫が一人か二人いればいい。

このように神仏、子孫に至るまで、こよなく愛される素となる美徳は、真実な道をより深く、より広く探求した分だけ、また世のための貢献をやった分だけ残る。死ぬまでに、自分が磨いた分だけは、一切無駄がないというわけだ。

やはり、ここに目を向けていかないと究極的に有意義な人生にはならない。これは七十になっても八十になっても九十になっても百歳になっても変わらない、人として生まれてきた者全てが考えるべき真実である。それを五十歳以降、ハッキリ目標としていくべきではないかと思うのである。

青春時代を懐かしむな！

第3章

青春時代は胸にとげ刺すことばかり

冒頭から、他の人の詞を引用させてもらう。私が歌っていると思って頂きたい。五十代の人にはカラオケで人気がある歌だから、声に出して歌って頂いてもかまわない。

卒業までの半年で　答えを出すと言うけれど
二人が暮らした年月を　何ではかればいいのだろう
青春時代が夢なんて　後からほのぼの思うもの
青春時代の真ん中は　道に迷っているばかり
二人はもはや美しい季節を生きてしまったか
あなたは少女の時を過ぎ　愛に悲しむ人になる
青春時代が夢なんて　後からほのぼの思うもの
青春時代の真ん中は　胸にとげ刺すことばかり

（「青春時代」阿久悠作詞　森田公一作曲）

JASRAC　出 1316056-301

私は以前、五十代以上の人だけを集めてセミナーをやっていたが（五十上《いそがみ》セミナーといった）、何度かこの歌を歌ったことがある。

この章のテーマ・キーワードは、この詞に隠されている。そもそも、五十を過ぎたおじさんが、二十年以上前のこの歌をなぜ歌いたがるのか。また、なぜそれほどまでに人気があるのだろうか？

それは、この詞そのものが、ひとつの霊的世界（霊界）を作っていて、なぜかおじさん達が時々そこにはまりたくなるからなのだ。

その現象がどういう意味を持つのか、追って明らかにしていこう。

「もっと老けよう」を合言葉に

大体、五十過ぎの人が集まる機会というのは、「若返りましょう、若返りましょう」という合唱になりがちである。しかしこれは、考えたら恐ろしく失礼な話だ。既に年をとっているということを前提の上に言っているわけで、要するに、若返りましょうとか、若々しく生きましょうと言えば言うほど、あんたは老人だということを駄目押ししているようなものだ。

ある八十何歳の人と、こんな会話をしたことがある。ものすごく元気で、かなり距離のある戸隠《とがくし》神社の奥宮まで往復しても、けろっとしている。若い人はばたばた倒れ、ああ痛い、くたびれたと言うのだけれど、その人は平然としているのだ。その人に、

「かくしゃくたるもんですね」

と言うと、怒るのである。

「そんな老人に言うみたいな言い方はやめてくれ」

と。確かに、

「かくしゃくとしてお元気ですね」

と言うのは老人に言う言葉だ。既に老人と相手を認めているわけで、その人はそれが気に入らないのだ。

若返りましょうとか、いつまでも若々しくとか、言えば言うほど既にあんたは老けている、老人だということを認めているわけだから、ここで、五十以上の人

はもっと老けよう、みんな頑張って老化しよう、頑張って年をとろうということをお互いに言い合うことこそ必要だ。逆説のようだが、つまり、自分は若者なんだということを意識の底まで自覚せよということだ。常に神霊界においては自分は若いということを前提にしているわけだからだ。

お互い若過ぎるから、少しは人間が成熟して枯れてこなきゃいかんねということを言い合うと、不思議なもので若い気になってくる。もう既に自分が年をとっているのと認めることが、最もいけない。

そう言うと、五十上《いそがみ》セミナーに出るということも、既に五十歳以上だということを社会的に認めてしまっているのだから本当はいけないような気になってくる。だから、五十上というのは、これは伊勢神宮の五十鈴《いすず》川の川上のような清らかな心の流れを持つ方の集まりというふうに宣《の》り直しをしよう。

「九十六の早死には許せない！」とは⁉

笹川良一さんが、大本教の三代教主補の出口日出麿《でぐちひでまる》さんが九十六歳でお亡くなりになったときにおっしゃった至言がある。

Nさんという方が、

「会長、日出麿先生がお亡くなりになりました」

と報告した時、笹川さんは何とおっしゃったか。

「え、何歳で亡くなったんだ」

「九十六でございます」

Nさんはもちろん、長寿を全うしたというつもりで言ったのである。そうしたら、笹川良一さんが、

「何、九十六。そんなに早死にしてどうするんだ。許せんやつだ、あいつは」

と怒ったという。

本人はその時、九十四歳である。それでNさんが、やっぱりすごいもんだな、さすが驚いたよ、とおっしゃったのを、聞いた私も驚いた。笹川良一さんは、いろいろな評価を受けた方だが、一つ一つの言動を見ると、そういうすごいと思うところがいくつもある。あれだけの方になると、太陽が当たるところもあれば、樹木の大きい分だけ日陰の部分も多いということだ。

心外悟道無し《しんがいごどうな》

その笹川さんが大好きな言葉がこれだ。

「心外無悟道」

心の外に悟りの道無し、である。

笹川さんがお祈りするところを、一度見たことがある。かごに入ったおもちゃの鳥がオフィスにあって、スイッチを入れると一分間、ピヨピヨピヨと鳴く。笹川良一さんがいらっしゃると、ぴゅんとスイッチを押す。すると、ピヨピヨピヨと鳥が鳴く。その間に、があーっとお祈りして、ぱっと終わりであっという間に帰って行かれる。その早いこと。一心不乱に長時間祈る、というタイプの信仰ではない。

しかし、毎日朝八時半に必ずそうされる。オフィスに来るまで銀座の町を歩くのだが、歩くのではなく走る。それも酸素を多く吸って、少ししか出さない独自の走法で、まずパパパパパパパパと吸って、パッと吐《は》く。出したものを全部吐いちゃいけないというのだ。より多く入れなきゃいけないので、いっぱい呼吸を吸ってちょっと出すというやり方だ。

毎日走って、オフィスで一分間祈って、ぱっと帰られるのだ。

一分間に集中した祈り。それは、どんな場合でも瞬間にぱっと心の切り替えをする、切り替え名人でもあることを示している。その笹川さんの座右の銘が、「心外悟道無し」。心の外に悟りの道無しというので、暗さや怠慢な心を持っても、瞬時にパッと切り替えて、左右されない。それが悟りだと。おそらくは、武道で鍛えられたものだろう。

年をとればとるほど、これが上手になってくる必要がある。そうすると若い人に負けない、一層若い人になれるわけだ。

恐怖の青春時代の追憶

私は、森田公一の曲『青春時代』には、「恐怖の青春時代の追憶」というサブタイトルをつけるべきだと思う。青春時代のことを思えば、ああよかったね、あなたは昔若かったねと誰でも思うのだけれども、神霊的に見たらいかに恐怖なのかということを、今から書いていきたい。

こうした追憶は、想念の魔窟をつくる元凶なのだ。私は、もう何回かこういう経験をしている。

例えば先日、まだ私が二十九歳のころの写真を見つけた時。まあ当時の私は、顔も色が白くて、首も今より細かった。体重も五十四キロをキープして、まさに「青年」という感じである。

それで、そのころの写真を見たり、植松先生とその頃の話をしていると、何か横隔膜のあたりから、うわーっとエネルギーが込み上げてきてしまうのだ。この感覚は、ゴルフに行く前日と似ている感じだ。あしたゴルフに行くというときに、横隔膜あたりから何かうわーっと喜びが込み上げてくるのだが、それを春の風とするならば、昔の思い出は秋の日だまりのような感じで、どこかに寂寥感を含んで込み上げてくるのである。

その話を二言、三言すると、もう、涙がぽろぽろぽろぽろ出てきて、ああ、あのときは二度と返って来ないんだと思ってしまう。懐かしいんだけれど、言えば言うほど、自分が今そのときと比べて年をとってしまったことが身にしみる。白髪もできて、歯茎も減退化している。あの頃はもっと歯茎が豊かだった。そういうように思ってしまうのである。涙がうわーっと出そうになる何かのパワーがあるのだ。

というのは、自分が極限状態の目いっぱいで生きてきたからだ。後から思えば本当に良かったなと思うのだが、この『青春時代』のように振り返って見たら、もうとにかく胸にとげ刺すことばかりで、迷っていることばかりだった。しかし、年をとればとるほど、その痛みとか苦しみが癒されて、レトロの写真のようにぼおーっと映像で思い出されてくるのである。苦しかったときの景色が、しかし、夢や希望に満ちてきらきらと輝いていたなぁと、そう思うと、また涙がばあ〜っと出てきて、また横隔膜からうわーっと寂寥の秋風が出てくるのだ。そういう覚えは、みなさんもあるのではないだろうか。

それで植松先生にお聞きしたのである。

「植松先生、青春時代のことを思い出したら、横隔膜からうわーっとエネルギーが出て、涙がぽろぽろなんていうふうになりませんか」

「なるわよ〜。でもね、そういうふうに思い出すのもいいけれど、今が一番いいわ。当時は大変だった分、今とまた違った意味で充実していて、楽しかった――でも、そういうふうに一緒に十七年前から御神業を築き上げてきた仲間がいるから、そういう人たちと話す今が一番楽しいわ」というようにおっしゃった。

植松先生はさすが師匠で、それでパーンと切り換えて終わられるのだが、多くの方はそう簡単には終わるまい。一度思い出に浸り出すと、またそれからそれへといろいろ思い出してしまうのではなかろうか。

『霊界物語』に出会った頃のこと

植松先生と出会う前、私は大学時代の四年間を京都で過ごした。私は、二十歳の頃に自分の人生を自分のためにでなく、神様のために使わせて頂こうと誓いを立て、人生を捨てたのだ。その頃のことについて記す前に、少々大本教の『霊界物語』と『大本神諭《おおもとしんゆ》』のことに触れてみよう。

時々、セミナーなどで私が出口王仁三郎の『霊界物語』の話をするから、「お話を聞いて、『霊界物語』を購入しました」という手紙が来たりする。しかし、これは八十一巻あって、しかも一巻が四百ページぐらいあるから、大体五巻ぐらいで力尽きる人が多い。私は、二十五歳までに八十一巻の『霊界物語』を二度読んでいるのだが、それは、よほど根性入れて神様に祈りながらでないと、なかなか完読できない。それよりも、『大本神諭』という『お筆先』(御神示)ならば五巻だから、もし読もうと思う方がいたら、まずそちらを読むことを私はお勧めする。

「三千世界一度に開く梅の花、開いて散りて実を結ぶ。三千世界一度に開く梅の花、艮《うしとら》の金神《こんじん》の世になりたぞよ」とか、「須弥山に腰をかけ、三千世界枡掛ならすぞよ」とか、無学文盲の五十七歳のぼろ買いのおばあちゃんだった出口ナオが神がかってそういう格調高い言葉を『お筆先』に出した。それが基本になっていて、出口王仁三郎が未来と過去の物語と予言を、霊的暗示に託してずっと出したのが『霊界物語』だ。未来の予言が全部秘めてあるわけだ。それゆえに、普通に読んでもわからないようなことばかりである。

だから『霊界物語』は、頭で理解しただけではわからない。『古事記』と同じように、ただそのまま、ありのまま、魂で吸収しようという姿勢で、神様にお祈りして読むのが一番。そうすれば、読んですぐ忘れてしまったとしても、実は深く御魂に入っているから、大事なときにはぱっぱっと内容が出てくる。

『大本神諭』のほうは五巻で活字も大きい。この『お筆先』には、日清、日露、第一次世界大戦、第二次世界大戦の太平洋戦争の敗戦までも予言されていて、予言書として超一流である。

この中には、神様の御心が切々と書かれている。例えば、

「今は〃われよし〃と〃強いものがち〃の世になりておるぞよ。差し添いいたす種ぞ恋しき」

とか。

これはみんな自分のご都合ばかりで、自分の都合ばかり、我ばかり張って、神様の御心にかなうような人民はほとんど無いぞよと。さらにこのままで行くと人民三分になるぞよとまで出ている。三分というのは三％。つまり、九七％の人民は滅んでしまうよと。そういたしたくないために、神が仕組（計画）をしているのであるぞよと述べている。

「差し添いいたす種ぞ恋しき」、新しい時代にその種を植えることによって、新

しい時代の芽が芽吹いていって、木が生い育っていく。そういう人民、目薬にするほどもおらんぞよと嘆いておられる。

五巻の中に何度も何度も繰り返し出ているのは、神様が〝われよし〟と〝強いものがち〟の世を立て替え、立て直ししていくおつもりで、仕組を進めておられること。そして同時に、神様がどんなに人々のことを思っていても、神様の心をわかってくれる人間は目薬にするほどもおらんぞよというお嘆きだ。

言葉にとらわれないで、精神の流れを読みとれ！

ところで『霊界物語』でも、『大本神諭』でも、『バイブル』でも、『論語』でも、仏説でもそうなのだが、一つ一つの言葉だけをとらえて、これはああだこうだと断片的に分析していると、とんでもない読み間違いをする。

それは、教えというものの大半が、そのときのＴＰＯに合わせて出されているからだ。たとえば、私の『御神示録』もそうだ。しっかり勉強せよという神示が出た時は、勉強が大事だからではなくて、怠っていたときに神様が怒っているのだ。豊かなる日々を送れという神示は、がりがりがりがり仕事ばかりしていたときに、もっと豊かなる日々を送れと出てくるのだ。それでよろしいという場合もあれば、反対のことをしている場合に、注意を促している場合もある。しかしいずれの場合も、神様の大きな愛の流れから出てきた励ましなのである。

だから、その言葉、言葉を捉えて、全く違うシチュエーションに用いようとすれば、当然意味が違ってくる。この悪いやり方を断章取義という。毛沢東の主張について「毛首席はこのように『実践論』で言っております」というAグループがあったら、Bグループは、「いや、毛首席はこのようにも言っておられます」と反対したりする。お互いが都合のいいところだけとって言い合っている。それは、仏教でも、キリスト教でもそうだが、そういう読み方をしていくと、知的分析的な見方に流されて、失敗することになる。

『古事記』を読むときも、『日本書紀』を読むときも、『大本神諭』や『霊界物語』や、私の『御神示録』も、精神の流れを読まなければいけない。

精神の流れとは何か。たとえば、『バイブル』全体に流れている精神の流れというのは、神は愛なり、愛は神なりということだ。律法のための律法、法律のための法律じゃなく、神は愛のために律法をおろされたんだよということだ。それが、バイブルを貫く精神の流れだ。その流れに沿って、バイブルの全ての言葉があるのだ。

『御神示録』も幾つか読んでみて、全体の流れを魂で吸収すると、自分に必要なことがぽっぽっと浮かんでくるというのが、これが正しい読み方だ。『大本神諭』も同じ、『古事記』も同じ。法華経を見ても、一字一句にとらわれることなく、法華経精神の流れを読んでいかなきゃいけない。

そのようにして読んでいくと、自分の胸に響くものがぽっぽっと来る。そのように『大本神諭』を何度も何度も読んで私が思ったことは、ああ、神様って大変だなあということだった。私たちはいろんな願い事とか、自分の苦しみや葛藤を、神様、神様とお祈りしているけれども、神様ってこんなに苦労しているんだなということが、しみじみと響いて来たのである。

神様は大変だ。「人民のほうがまだ楽であるぞよ」と書いてある。「神と人民と比べたら、人民のほうが楽であるぞ。神に寄っかかって、神に乗っかって生きていけばいいのだから」と。

神様は朝から晩まで、いつもわかってくれようとわかってくれまいと人民の守護をしておられる。出口ナオにおかかりになった艮《うしとら》の金神《こんじん》、国常立大神が、神の心をわかってくれよということを、切々と訴えておられた。私は、神様かわいそうだなと思って、神様に同情したものだ。こういうことを、私は京都で過ごした四年間に学んでいたのだ。

二十歳で、神様の言う通りに生きると決意した

その私が二十歳のころに、世の中には、四十何億の人口がいたのだが、世の中にいろんな人間がいて、いろいろな人生があるとも知った。人それぞれの人生がある。だけど私は、世の中でたった一人になってでもいいから、その神様が欲しておられるような人生を送ろうと決心したのだ。

病気で死んでいく人もいるし、事故で死ぬ人もいるし、これが戦争時代だったならば戦で死んでいくのだ。いつかは死んでいく同じ一生涯なら、『お筆先』を読んで感応した神様の御心を思って、私だけでもいいから、神様がこう生きてほ

しいと言う通りに生きよう。自分の我だとか欲望なんか、あっても言わないで、最終的には何でも神様の言う通りに生きていこうと、決心したのだ。

だから、もう自分の人生は二十歳で終わって、あとは神様の思し召し通りに生きていこうと、その『お筆先』を読んだ時に何度も決心したのである。世界中の人が、どんな人生を送っているかは知らないが、私はそういう人生を生きよう。それがどんな道になるかわからないけれど、あまりに神様がかわいそうだから、私だけは、神様の言う通りに生きる人生を送ろうという決心であった。

今明かす女性と神様の板ばさみ体験

だから私は、大学時代はすべて神様のためにと思っていて、目いっぱいの学生時代を送った。

人が振り返って懐かしむような青春時代とは、ちょっと違うかもしれない。というのは、自分の青春時代というのは神様とともに生きていたから。すべてが神様の御心に合うようにという心構えで、ＥＳＳという英語のクラブ活動にも打ち込んできた。

クラブ活動（ＥＳＳ）は本当に忙しかった。一年生、二年生、四年生の夏は、毎年合宿を五度ずつやったものだ。大学三年の頃は、ＥＳＳの委員長だったから八回合宿した。一回の合宿は五泊六日とか三泊四日とか。それを八回やったのである。アルバイトをする間がないから、親と弟にお金を借りて、大学四年生でアルバイトをして返した。

思い出すのも辛いのだが、私の母校である同志社大学、また中でも同志社の英文科はきれいな子が多かったのである。「娘十八、番茶も出花」と言うけれど、番茶で出花じゃなくて、玉露が出花のような女性が多かったのだ。容姿がきれいならいいというものではないが、キャンパスを歩いても、エメロンシャンプーの香りを漂わせながらルンルン歩く少女というのをわんさか見ながら、しかし、神の道に生きるんだ、とつぶやきつつ、ひたすら英語をしゃべりながらキャンパスを歩いたものである。

大学四年生のときにＥＳＳには四百人部員がいたから、その組織を改造するんだということに命を懸けた。これが御神業だと思っていたからだ。他のみんなは、あっちこっち、あっちこっち、彼女をいっぱい作っていたのにである。

私の純な交際の始まり

大学二年生のときに、先輩から無理やりに「交際しろ！」と言われたこともあった。

「おまえ、おまえのことをこんなに好きだというのがいるんだから、交際しろ！」と言う先輩が現われたのである。

それはKさんという人で、私はその先輩を尊敬していた。Kさんがそこまで言うんだったらと、私もついに交際することにしたのである。その女性から手紙をもらったら、「心の片隅に置いてくれればいい」とある。「あっ、それならいいや」と喜んだのも束の間、しかし、そんなのは嘘だった。何が片隅か、である。そのうち面白いことに、許せないという手紙が来たのだ。「あなたを許せない、私は」「何ですか」「明るく元気に生きているのが許せない」と言うから、私もびっくりした。どうしてなんだ、私が明るく元気に生きたらなぜいけないんだと、先輩に聞いた。私も若かった。

「先輩、見て下さい。この手紙、何で僕が明るく元気に生きていたらいけないんですか。暗く悄然として生きなきゃいけないんですか」

ところが、

「おまえ、女心を知らんやつだな。自分が恋で葛藤して悩んでいるから、同じように悩んで葛藤してほしい女心がわからないのか」

「女心って面倒くさいもんですねえ。私は神様の道に生きているから、面倒くさい。明るく元気に生きなければどうしてクラブの活動ができるんですか」

「いや、おまえは、まだ大人になり切っとらん。そういう状況では、女は幸せにすることもできんし、ロマンも恋も成就せんよ」

「それでも、先輩、心の片隅でいいって言ってたじゃありませんか。片隅に置いているからいいじゃありませんか」

「そう理屈で割り切れるもんじゃないんだ」

今ならば、いろいろな人の相談に乗ってきた経験上、この気持ちもわかる。しかしこの頃は、「なんと理不尽なんだ」という思いでいっぱいだった。私も未熟だった。絶えず手紙が来たり、弁当を届けてくれたりということはあったが、結局そのうちに終わってしまった。青春時代の「せ」の字くらいの恋である。多少なりとも青春っぽいムードになったのは一度きりだったが、これにも次のような悲惨な思い出があった。

鴨川の川辺で私の青春は守護霊につぶされた!

大学二年生の時、何かの帰り際に鴨川の川辺で二人きりになった時のことだ。ムードが出来上がってきて、今や若い二人が、キスをするかという瞬間までついに行ったのだ。私の唯一の青春だ。その時までは、確かに青春時代だった。そうしたら、女の子がぱっと目を開けて、後ずさりした。な、何なんだ、どうしたんだ。

「私は、半田君にはこんなことしちゃいけないんだわ」と彼女は首を振りながら言うのだ。「なぜだ? どうしてなんだ?」と言うと、涙をぼろぼろ流して泣いている。「わからない、わからない」と言って涙を流しながら、いきなりわーっと走って行った。「何で？　何で？」と、私も頭がクエスチョンマークになりながら、「何でなんだあ～」。その女の子がうわーっと走って、「わからないわあ」と。

結局その子は行ってしまい、私はとぼとぼと川辺に戻ってきて、神様に祈った。これは一体、どういうことだ。私の何が悪かったのだ。

私は京都の吉田神社のすぐそば、京都大学のすぐそばで、溜め息混じりに夜空を見ていた。何でこんなことになるのかわからない。女の子自身もわからないという。そして、お祈りしていたら、守護霊がブワッブワッブワッと出てきて、「わしらがしたんじゃあ」と言うではないか。何というむごい仕打ちだと、私は石を投げつけた。鴨川にである。「何ていうことだ」、「何ていうことだ」と。

でも、それでいいんだ。こんなもんだろうと、自分を納得させた。こうなったということは、瞬間に相手に守護霊がかかったのだ。そうだ、二十歳の頃に、自分の生涯を神様の思し召しどおりに生きるんだと決心したから、これでいいんだと思ったのだ。こんなことで迷っていないで、神様の道とクラブと英語に生きるんだと思って、でも泣きながら帰って来たものである。

これが大学二年のことである。大学三年生、四年生の頃にもいっぱい辛い思い出はあった。一つ一つは書かないが、結局は自分で想いを断ち切って、これでいいんだ、自分は神の道にすべてを捧げたのだからとまたあきらめた。

すてきな女性はきら星のごとくいたけれど、結局は自分の発願《ほつがん》した修養を選んだり、選ばされたのである。二十五歳の、植松先生との出会いのときまでに、神様が急ピッチで仕上げをしようとなさったのだろう。

自分が恋しいなあという心をねじ切って、ぶっちぎっていたのである。ESSの長として上に立つ人間が、女の子、女の子とうつつを抜かしていたらクラブの改革もできないから、己を慎もうと、恋しい心をぶわーっとぶっちぎった青春時代であった。

新聞配達でも修業はできる

さらに、組織の上に立つ人間は、己に厳しくなきゃいかんということで、朝四時に起きて新聞配達を始めた。まず早起きだ、早く起きて体力もつける。それまで私は大体、秋の十月ぐらいになったらパッチをはいていたものだ。冷え症だから、パッチと長袖のシャツである。要するに、地獄に落ちている先祖が多かったわけなんだが。それが、この冷え症の己を克服しなきゃいかんということで、太陽よりも早く起きたら僕の勝ち、太陽よりも遅く起きたら僕の負けだと自分と勝負をして、『朝日新聞』の新聞配達をした。これもトレーニングである。四時に起きて一年間、卒業するまでやっていた。

そうしたら、それから今日まで、真冬であろうと、いつであろうと、ずっとパンツとランニングでOKになっている。今でもよほど真冬の神事《しんじ》以外は、パンツとランニングで乗り切れる。冷え症を克服したのだ。

その頃は「地上の天人は不言実行。不言実行、実行菩薩。不言実行、実行菩薩。地上の天人は不言実行だ」と口ずさみながら一生懸命ランニングしていた。神様の御用に使って頂くんだと、毎朝四時に起きて神様にお祈りして、四時から二時間、四階建て、五階建てのマンションでもエレベーターを使わず、上がって下がって上がって下がって、自らを鍛えてから大学へ行っていたのである。

神様の御用に使って頂くためには、体力と精神力が要る。そうじゃなければ御用には使ってもらえないからと思いながら、毎日毎日ランニングしていた。

修業というのは、このように何をしながらでもできるものなのだ。

御神業をしてお金をもらえるなんて！

ところで当時の私が、何に感動したかと言って、新聞配達をしてお金をもらえたことほど感動したことはない。

私にとっては新聞配達もクラブ活動も、等しく修業のつもりでやっていた。ところがクラブのときには自分の方からお金を出して、月に二十万円ぐらい要る。八回も合宿へ行くのだから、お金がかかるのである。自分の方からお金を持ち出しした上に、先輩から文句言われ、同輩から小突かれ、下から突き上げられて、それに耐えて頑張ってきたのだ。

それに比べて、こちらはお金がもらえる。お勤めって何ていいんだろう。自分の修業になって、それで給料がもらえるのだ。

「いいんですか。課長。こんなのもらって、いいんですか」

「おまえ、変わったやつだなあ」

自分は全部御神業のつもりだから、お勤めって何ていいんだろうと思って感動していたものだ。

京都「月ヶ瀬」の世界一のクリームあんみつ

そして、卒業後の会社勤めも、すべて御神業のつもりで行って、自らの糧にしてきた。その間の様子についてはまたの機会に譲るが、こうして二十五歳で植松先生に弟子入りするまでに、高度の審神力《さにわりょく》（人の真の霊格や前世、背後の霊の正邪などを見破る力）や、さまざまな霊能力を磨かされたのである。横道にそれたが、そういう青春時代を大学で送っていたので、京都に行くと思い出してしまうのだ。

横道ついでに、皆さんが京都に行った時に、ぜひ寄って頂きたい場所をご紹介しよう。ある時、植松先生と伊勢神宮の式年遷宮《しきねんせんぐう》に行く前に、京都に立ち寄ったことがある。その夜は京都泊だったので、夜に、「月ヶ瀬」のクリームあんみつを食べに行った。二十二年前に初めて入り、以後ことあるごとに通っている甘味処だが、この店のは世界一のクリームあんみつだ。クリームあんみつというのは日本しかないから、日本一は、とにかく世界一だ。

この店のお抹茶アイスクリームやぜんざいも宇治金時も、やはり世界一だ。お抹茶宇治金時は、シロップなんかかけないで、その場でお抹茶を点てて、点てたお抹茶を上にかける。小豆も白玉も全部自家製のすぐれものだ。

この食べ物についても、思い出がある。

私が大学の二年生のとき、例のKさんという先輩に連れて行かれたのである。

「いや、僕は甘党じゃなくて辛党ですから、ワサビ漬けとか、辛しナスが好きなんですよ」

「いや、ガタガタ言わずに、わしについて来い。これを食べてから好きか嫌いかを言え。俺もそうだったんだから。騙されたと思って食べてみろ」

そう言って、先輩が嬉しそうに、「クリームぜんざいとクリームあんみつね！」なんて注文していたときには、失礼だが先輩がバカっぽく見えたものだ。もちろん、実際には英語は良くできるし、大学でもトップの人だ。

その先輩が言った。

「うーん、バカっぽく見えるかも知れんが、わしも今までは辛党だったのが、この店で甘党に開眼したんだ。とにかく君も、クリームあんみつとクリームぜんざいと二つ頼むんだ」

と言うので私も頼んだ。

それで一口食べたら、あっと観念がブチ破られた。これが本当の甘党だったのかあと心の底から思ったほどだ。

そのクリームあんみつの、甘過ぎずに、口に入れると、寒天がおのずから自主的に舌の先に溶けてくれる舌ざわり。それはもう、身も打ち震えんばかりのおいしさだ。それから、私は二十二年、そこへ通っている。そのおばさんが六十何歳だったのが、八十三で亡くなって、息子さんが後を継いだのだが、味は全然落ちていない。

秋の京都で寂寥感にとらわれる

話を戻そう。とにかく植松先生と、その「月ヶ瀬」のクリームあんみつを食べに行ったのである。

「植松先生、これがわが青春の味ですよ」

と言いながら。

そして、京都御所の話題になった時にも、私の大学は京都御所の真向かいだったので、

「御所は今日、拝観日ですよ。御所は僕の大学のキャンパスのようなものです。あそこの道一本隔てて御所ですから、大学のキャンパスみたいにしてあそこを使っていたんですよ」

と言った途端に、またキューンとなった。

京都に行くと、先のような思い出がいっぱいあるから、涙が出そうになるのだ。胸がキューンとなってしまう。

確かに、そういう話をするのは楽しい。しかし私は、その当時の友達とはほと

んど連絡を断ってしまったし、その当時の友達と話していたら、懐かしいよりももう苦しさと葛藤と、胸にとげ刺すことばかりだ。二十歳以降は神様に全部捧げた人生で、それでいいと思ってはいるが、旅行をしたことも一度もないし、授業はぴしっと出て、最後の最後までクラブに命を懸けていただけだ。普通の大学生が過ごすような大学生活ではなかった。

もちろん、それも楽しかったわけだが、青春時代に置き忘れてきたものがいっぱいある。あれもしたかった、これもしたかったと。特に、感動で胸が震えるようなラブロマンスというものは、御神業のために全部自分から芽を摘み取ったし、守護霊に邪魔されたりした。

能楽部も二年生までやっていた。こちらの合宿は五泊六日、一日十二時間、板場の上に正座で座るのだ。二日目ぐらいまではいいが、三日目になったら、みんなぐわーっと腹が立ってくるのである。最初は、痺れる、感覚がなくなる。その次に、痛くなる。それからずきずきする。夜寝ても、ずきんずきんずきんしているのだ。その次にどうなるかというと、とにかく全てのものに腹が立ってくる。あまりに痛いからだ。先輩とも、ちょっと何かあると喧嘩だ。板場の上に十二時間も座っているのだから無理もない。

こうした中に、束の間の喜びがあったわけで、とにかく一日も怠ることなく修業してきた毎日だった。それで良かったのだが、置き忘れてきた青春時代のことを思うと、懐かしいよりも、寂寥感にとらわれる。心の中に、レトロのような感じでふわっと浮かんでくるのである。映像の周辺が消されて、修正した映画みたいな、昭和初期の写真展みたいなのが浮かんでくる。

それから伊勢神宮へ行ったのだが、どうも気が沈んでしまい、調子が冴えなくなってしまった。

五十以上の人はもっとひどい青春だった

その時は、自分でどうもおかしいと思いながら、一人でいると涙が出そうになってくるのだ。ああ、こんなに年をとってしまった、いつか知らないうちに年をとってしまったと。白髪も増えて、あの頃みたいに粘りがないし、語学を習得しようといっても元気もやる気も前より落ちた。輝けるようなああいうような時というのは、もう再び人生にはやって来ないんだなという思いが、後からわいてきたのだ。

その時に、あっ、私の五十上セミナーに来る人はみんなこういう思い出を持っているんだと気が付いた。

私もこうやって二十歳から自分の人生を神様に全部捧げたつもりできたが、戦争中を生きていた人はどうだっただろうか。

ラブロマンスもなく、戦争の中で何年もの間、空襲で逃げまどったりしていたわけである。そして戦後の復興期、焼け跡の中で一生懸命家族を探し、家を建て、いかに御飯を確保するか苦労されてきた。そして子育てだ。そうやって戦争中、それから戦後を乗り越えた人が、今や五十以上になっている。その人たちにとって青春時代ってどうだったんだろうかと、思いを巡らせたのだ。

写真を見たら、女の子はみんなもんぺだ。こんな女の子を見ながら、学徒出陣や工場に行く。青春時代の思い出は竹槍だったかもしれない。

兄弟家族と離ればなれになって、お兄さんは戦死、お父さんも戦死、というような時代を乗り越えた人にとってみたら、どうだろうかと考えた。その人達もみんな自分の青春時代は無かったのだ。あんな青春時代だから、国会議事堂の前で「青春を返せー！」と言ってみたくなるんじゃないかと考えたのだ。

私も、時々神様に、後悔はしていないけれども、「青春を返せ」と言う。それで「おまえが選んだ道じゃないか」と言われて「そうです、済みません」とすぐ謝る。

昔を懐かしむようになったらおしまいだ

しかし、そう思うようになったら、自分がもう最後だなと気が付いた。

五十歳以上の人は、青春時代を振り返ってみたら、同じ時代を過ごした人たちがいっぱいいる。その人たちが、その焼け跡の話とか、闇市の話とか、その当時の話題にちょっと触れると、やっぱり横隔膜からうわーっと突き上げて、懐かしいなと思うと同時に、再び青春は返って来ないと痛感する。

鏡を見たら、白髪、しわ、しみそばかすがある。ああ、これでこの世を終わっていくのかなあ、今の若い人はうらやましいなあ、とつい意地悪ばあさんみたいにいじめたくなったりする。戦争時代や終戦直後に青春を送ってきた人、仕事ばかりでやってきた人、一生懸命子育てした人、そういう人は後悔はしていないだろうが、失った青春時代と人生の過去を振り返ってみたときに、もの寂しさや悲しさが当然出てくるだろう。

そこで皆どうするか。同世代に生きていた人たちとお話をする。老人ホームなどで、大体同じ世代の人たちがその当時の思い出を語り合うと共通項があるから楽しいという。その時代を懐かしみながら、ああだったねえ、こうだったねえ、と言い合うことで、結局、懐かしいねえという結論の、楽しい一時になる。

しかしそれは考えてみたら、恐ろしいことなのだ。昔を懐かしむということは一見いいようだが神霊界の実情から見たら、絶対してはいけないことだと断言できるのである。

伊勢神宮で改めて気付いた——今が青春だ！

伊勢神宮へ行って、自分のおかしな状態の理由を突き詰めた上で、「心外悟道無し」でぱっと切り替えたので、それがわかったのだ。

違う、自分は何のために生まれてきたか。御魂の修業をするために生まれてきた。二十歳の頃に神様にそう約束したからそれでいいじゃないかと。今は今で充実した日々を送っているじゃないか、と。十代、二十代だけが青春となぜ決めたんだ、と。

今だって青春なんだ。しなきゃならないこと、今日と明日と未来のことだけを思って、来週はこれをして、次にはこんなことをしよう、来年はこうで十年後はこうで…というふうに、神様にずうーっと祈り続ける。一時間、二時間、三時間、四時間、未来のビジョンを神様に語り、祈るのだ。

若い人に人気のあった、ちょっと昔の『聖闘士星矢《セイントセイヤ》』という漫画に、「おまえのコスモを燃やせ」という名セリフがある。自分の中にコスモ、宇宙があるから、自分の宇宙を大きく、高く、燃え上がるように熱く広げていくことで、パワーが出てくる。だから「コスモを燃やせ」と言うのだ。明日は二十年に一度の伊勢神宮の御遷御だから、最高の状況で行かなきゃいけない。目いっぱいコスモを上げて、神様の前に出なきゃいけない。そうやってずうーっと祈りを捧げていたら、コスモがぎゅーんと上がってきたのだ。

翌朝、別人のようにやる気に満ちて、顔を洗ってさあ行くぞと思ったときに、洗面所の鏡の前で自分の顔を見て、何だ、そうだったのかとわかったことがある。

気を付けよう結婚式場の地縛霊

要するに、京都で地縛霊をもらっていたのだ。それで、一人、二人と除霊（救霊）していたら、面白いことに、ふわーっと浮かんできたのが、ウェディングドレスを着た女性だった。

それからもう一人の男性は、短い髪の、職人さんみたいな感じで、ブルーのタキシードを着ている。おそらく結婚式をした後、帰りに交通事故か何かで死んだのだろう。私が京都で泊まったホテルで披露宴を挙げていたので、懐かしんでそこにいたのだろう。どうやら、そこから憑いてきたようだ。

なぜか結婚式場というのは本当に地縛霊が多い。楽しかった思い出、華やかだった思い出がそこにはある。そんな人が、事故で死んだりすると、ああ、懐かしかったなあと思い出して、ぱっとそこへ行く。だから、結婚式場は地縛霊が多い。

言いたくないけど悪霊のたまり場はここ

ディズニーランドも、浮遊霊のかたまりだ。世界で子供たちにどこへ行きたいかと聞いたら、まずディズニーランドと言う。

アメリカでも日本でも、子供たちの憧れだ。だから一回ディズニーランドに行った子供が水死したり、事故死したり、病死したりすると、ディズニーランドは良かったなあ、もう一度行ってみたいなあと思うので、浮遊霊になって飛んでいく。そういう死んだ子供たちがディズニーランドをうろうろしているから、霊的に敏感な人がディズニーランドへ行ったら、本当に具合が悪くなる。

それから、○○温泉などもそうだ。神様は、「魔境なり、行くな」とおっしゃる。あそこは最果ての地で海がきれいだから、ドボンと身投げする人が多いようだ。最期の地にふさわしいところだと思うのだろうか。

一度、他に宿がなくてやむなく○○温泉に泊まったら、次から次へと霊が訪問してきて、夜中じゅう除霊をするはめになってしまった。ああいう観光地には、懐かしかったなあ、良かったなあと死んだ霊が追憶して集まりたがる。だから、ディズニーランドとか結婚式場、○○温泉に限らず、有名で風光明媚な観光地というのは要注意なのだ。どうしても行かねばならない時は、最初に不動明王《ふどうみようおう》さんとか毘沙門天《びしやもんてん》とか、強そうな神仏に良くお願いして、身を守りながら行くことだ。

あまり気にしすぎると、霊に感応するからかえって良くない。もしもこうした観光地や結婚式場に行ったりして具合が悪くなったり、それから気分が沈むとか事故が続くとかいう場合は、まず間違いなく霊をもらっているから、早目に救霊（除霊）を受けた方がいいだろう。

――救霊に関するお問い合わせ、お申し込み先――

専用フリーダイヤル　0120《おおいにえんまん》（50）《こまる》7837《なやみ無し》

ワールドメイト

東京本部　03（6861）3755

関西本部　0797（31）5662

札幌　011（864）9522

仙台　022（722）8671

東京（新宿）　03（5321）6861

伊勢・中部　0596（27）5025

名古屋　052（973）9078

岐阜　058（212）3061

大阪（心斎橋）　06（6241）8113

大阪（森の宮）　06（6966）9818

高松　087（831）4131

福岡　092（474）0208

ホームページ　http://www.worldmate.or.jp/

どうしてもご都合で来られない方や、ご理解のないご家族、友人知人の救霊の場合には、その方のお写真で出来る写真救霊（その方の憑依霊を写真に呼び救霊する方法。写真郵送で出来ます）もありますので、加えてお勧め致します。

また救霊、その他の無料パンフレットをお送りしています。お気軽にお問い合わせください。

「昔は良かった」が恐怖なのだ

京都の思い出の地で、私が不覚にも思い出に浸って一瞬キューンとなったときに、ああ、再び返って来ないんだなんて、もの悲しい思いの浮遊霊、地縛霊が、瞬間に感応してぱあーんと憑霊したのだ。だから、「恐怖の青春時代の追憶」と言うのである。

私は自分で除霊したけれども、胸がすかっとしてみると、何であんなことを思っていたんだろうかなと思った。そして、自分のコスモを上げて、未来の夢と希望とビジョンと、今日と明日のことだけ考えて、過去を考えないことが本当に大切なことだと改めて思った。

霊界は、過去、現在、未来の区別が無い世界だ。時間と空間を超越している。現在の人が、過去を思い出せば過去の思い出の霊界に感応する。未来をイメージすれば未来の霊界に感応する。只今の心次第で、過去にも現在にも未来にも行けるわけだ。

だから、良かった過去のことを思い出すと、その霊界に心が行くから楽しい思い出で心がいっぱいになる。しかし、それは済んでしまって現実界にはもう無いわけで、霊界にだけあるものだ。年をとった人が昔の追憶をするということは、霊界を楽しんでいるわけだ。

ところが追憶をしている者同士の話というのは、前向きで発展的かどうか。前向きで明るくて発展的な意欲に満ちて、楽天的なビジョンに満ちて、エネルギーに満ちているかと言うと、決してそうじゃない。やっぱり、マイナス的で、後ろを振り返っているし、それからああいうところもあって大変だったねえ、ああだったねえなんて言いながら、時々涙ぐんだりする。

すると霊界の、それこそ未来などひとかけらも持ちようのない地縛霊なんかに、憑かれてしまうという訳だ。霊的波長が一致してしまうからである。

『高校三年生』にも気を付けよ！

舟木一夫さんと言えば、『高校三年生』、『高校三年生』と言えば舟木一夫さんだ。私はラジオ番組のＤＪもやっているが、ゲストで来られた舟木さんにいろいろうかがったことがある。何回も自殺未遂をなさった方だ。私達は『高校三年生』『学園広場』というと舟木一夫の歌だ、と思ってしまうものだ。でも、そうじゃない、聞いているみんなのものなんだということをその時知ったのだ。

一つの時代を作った歌だから、今でもコンサートでは舟木一夫さんは、どんな歌を歌っても最後は『高校三年生』『学園広場』になる。それで、今でもコンサートをすると、その当時の人たちが来るんだそうだ。みんな、もう四十代後半から五十代だ。そして、最後に『高校三年生』『学園広場』を、「学園～広場～」と歌うと、九九％の男性が泣くという。

女性は違うという。「あの時ああだったわ、こうだったわ」と明るく元気に目がキラキラ、まつげパチパチ。「私は人気者だったわ」なんて言うんだけれども、男はみんな泣く。「赤い夕日が～」、グシュグシュグシュと。何回コンサートをやっても、『高校三年生』を歌い、『学園広場』を歌うと、そこで男性の観客は、まず間違いなく泣くというのである。五十代の男達がだ。

やっぱり、その当時の自分を思い出しているのだ。そうすると、ああ、俺も若かったのに、もうこんなにはげてしまった。昔は腹も出てなかった…という後ろ向きでやるせない思いに、同じような波調の霊がヒュッと感応する。

想い出霊界は想念の魔窟ヶ原

確かに私にとって、京都には懐かしい青春時代の思い出がある。修業して、苦しいこともあった。しかし、その中にも楽しみ、喜びがあったからだ。

けれど京都ほど地縛霊の多いところはないから、すぐにぱっと感応してくる。しまった、やられたと思った。そういう時には、霊を除霊して、自分がまた未来の霊界へトリップするといい。未来のことを想像して、未来は明るいぞ、明日はああやって、来月はああして、来年はこうしてとイメージするのだ。そうすると、自分が未来の霊界に感応するわけである。過去の追憶の霊界に感応した御魂が、そこからすうーっと移動して現在に来、未来に至る。

その時、私の霊眼には、こんな景色が見える。真っ暗な洞窟の中から、私の奇魂《くしみたま》が出てきて、ふあ～あっと背伸びして、にこにこしながら洞窟から出ていくのだ。それで、そうか、今まで私はあの真っ暗な洞窟の中にいたんだな、とわかった。その洞窟というのは想念の魔窟ヶ原だ。魔窟ヶ原というのは魔窟の奥にまた原っぱがあるからだ。そういう霊界に自分がいて、涙ぼろぼろ流していたというわけだ。

発端は他愛もない学生時代への追憶だった。それが、次から次へと思い出と寂しさをひっぱり出し、自分で選んだ道だからしようがない……けども、寂しいなあ、残念だったなあ、もう一回生まれ変わってきたときには別の人生を送ろうかなあ…なんてとりとめもなくのめり込んで行く。そこからその魔窟ヶ原に入ってっていったのだ。自分の作った過去の追憶の魔窟ヶ原に入ってしまい、それに感応する霊がぱっと憑霊《ひょうれい》して、そこからなかなか抜け出せなかったのである。

これが養老院とか、老人クラブとか、同じ共通体験を持つ者同士ならば、なおさらこうなる。思い出の追憶で話をするのは楽しいことだけれど、みんなこうなんだな、危険だぞ、ということが審神《さにわ》できたのである。

一生青春で生きる秘訣とは

第4章

五十過ぎたら昔の友人知人に会うな！

これは、かなり厳しい言い方だが、五十歳を過ぎたら、昔の共通体験を持つ人とも、その話をしない方がいい。

青春時代は、懐かしいなあと思うんだけれども、実際、その時にもう一度返ってみたら、胸にとげ刺すことばかり。それから迷っているばかり。もう、悶々として苦しい。青春の「青」というのは未熟で青いわけだ。一方、春は春機発動期の春だけども、もの憂い季節でもある。まさに青春時代はどろどろしていて、悶々としていて、悲しかったのだ。

私はそこにはまってしまったけれど、そんなものを一蹴して、「今が一番いいんだ」と言われたのが植松先生だ。今が最高なんだ、若い人はご苦労さん、である。やがて天変地異があって、一番苦労するのはあなたの年代、私たちは先に行くもんねえという感じである。今は気楽ないい時代よと。

自分たちは戦争時代を過ごしているから、ものに感謝する心が湧いてくるのよ。あなたたち若者はぜいたく盛りだから、やがて神様に戒められるもんねえというように、今が一番いいという以外には、絶対に考えないようにしないといけない。そうしないと、どうなるか。

お互いに追憶があって、また胸からうわーっと突き上げるようなものがあって、懐かしいねえと話をしたがる。「私はああだったの」「そう、私はそうじゃなかったからねえ、うらやましいわぁ」。と言っても、もう済んでしまったことだ。人がこんな華やかな人生を送りましたよ、こんなぜいたくな体験があったよという と、自分はもう母の面倒ばかり見ていたし、子供がちょっと不自由だったし、そ れから夫が甲斐性なしだったから家庭だけの人生だった、と落ち込む。「あなたはいいわねえ」と言いながら、また、ツーンと涙が出てきたり。返ってこないことだし、忘れていることなのに、人の話を聞くと、私はああだったわ、失った青春のときは返ってこないと後悔するだけ。

こうして過去の霊界に浸っていると、それに類するような浮遊霊、地縛霊がぱっと憑霊する。ご先祖の中にもそんな霊がいるから、ぱっとお出ましになる。自殺霊、浮遊霊もぞろぞろくる。そういう境地にぶわっと入ったら、自分でもおかしいおかしい、何か暗いなと思ったとしても、どおーんと落ち込んでしまった自分の気持ちがなかなか回復できないのである。これは、自分の作った魔窟ヶ原にプラスして、浮遊霊、地縛霊が合体し、魔窟ヶ原から出られないように引っ張っているからだ。

暗いブツブツ老人は魔窟ヶ原の住人

そうなったら、まずは憑いている自殺霊、浮遊霊を除霊してから、自分の未来へビジョンを向けてコスモを上げていって、その魔窟ヶ原から出ることだ。いつまでもどおーんと沈んだ、元気のない老人というのはこういう状態に陥っている人が多い。

元気のない老人、ブツブツブツブツ悔やみの多い老人、文句が多い老人、それから姑、嫁をいじめる老人。まあ中にはいじめたくなるような嫁もいるが、大体は、自分は厳しくやられたのに嫁はいいなあというやっかみだ。私たちの娘の頃は奴隷みたいだったのに、うらやましいなあという心境だ。いびりたければいびってもいいが、そのかわりに生霊をもらうことになる。

そういうふうに老人や、五十歳以上の熟年者たちは、魔窟ヶ原ができるような友人同士の話とかにひきずられて、それから憑霊状態が続いていて抜け出せない人が多い。年とってだんだん沈んでいく原因の一つだ。自殺霊を中心とする浮遊霊、地縛霊、及びご先祖さんの霊に絡みつかれているのだ。

特に先祖供養が好きな人は、先祖供養しながらそれ（追憶）をやるもんだから、そういう自殺したご先祖さんが決定的に居ついてしまっていたりする。するとそのおじいさん、おばあさんはきょうもまたブツブツが始まる。いびりが始まる。文句が始まる。私たちの時代はああだったという話から、今の若い者はうらやましい、あるいはなっとらんという話になる。

まさに年寄りくさい年寄りのパターンだ。

追憶霊界に入ったな、と思ったら、パッ！——「明日の方がもっと楽しいぞ！」

それは、どこから始まったかというと、恐怖の青春時代の追憶からなのである。

過去の霊界の中に自分が入ってしまう。そういう心境を短歌に詠んで、悲しみを芸術に昇華させるのもいいが、それでも過去の霊界に行き過ぎてはだめだ。

人はあくまで御魂磨きのために、魂を向上するために生まれてきたのだ。今日と明日のことばかり考えて、過去を一切振り返らない。そういう「心外悟道無し」の気持ちの切り替え方で過去の霊界からパッと抜け出す。明るい未来の霊界に入るんだと思って、神様に語りかけるように祈るのだ。未来はああして、来週はああして、再来週はお稽古事をしましょうねとか。何でもいい。未来のこと、未来の心が浮き浮きわくわくするようなところへ、想念を向けて祈っていると、コスモが、ぴゅ〜と飛び上がり、未来の霊界に光が差しては次々広がっていく。これは五十歳であろうが百歳であろうが同じだ。

では、亡くなるときはどうだろうか。ご臨終のときは、死後の明るい霊界のことだけ考えたらいい。輝くばかりの死後の世界！ と考える。しばらく地獄にいたとしても、イメージだけは天国界に向けながら、鬼に蹴られていたらいいのである。死後、確実に良い世界へ行ける方法は、『死ぬ十五分前に読む本』（たちばな出版刊）という本に記しておいたので、ぜひお読みいただきたい。

もう一つ付け加えておくと、生前「思い出の魔窟ヶ原」に入り浸っていると、死んでからもそこに直行してしまうのだ。そうして永遠にジメジメ泣いているしかない。

本当に神霊界のことがわかっている人からすると、すごく怖いものだ。生きている間に霊界の法則を知っていれば、入り込んでしまったりしない。皆さまには入らないでいただきたいから、こうやって私は書いているのだ。

この神霊界の法則をわかっておかないと、年をとったら愚痴っぽくなったり、消極的になったりする。それは、過去の追憶の霊界に浸るところから始まる。「あっ、やばい、恐怖の青春時代の思い出、追憶霊界に浸ったな」と思ったら、ぱっと切り替えて、前途洋々たる未来の霊界に自分がいると思えば良い。

これが幸せの方程式だと思って、切り替えをしていけば、すうっと抜けられるものである。わかっちゃいるけど気持ちが沈む、わかっちゃいるけど物悲しい、わかっちゃいるけど愚痴っぽいという、その「わかっちゃいるけど」は何なのか。浮遊霊や地縛霊たちの手招きだと知って、「思い通りになってたまるか」と、断ち切っていくべきだ。無理矢理にでも、輝かしい未来をイメージすることだ。

臨終のときは、霊界と来世のことだけ思って、今世何があったかということを一切想念に浮かべないで、

「お世話になりました。ご苦労！」

と言って、ぱっと死んでいったらいいのである。

昔の友と会った時は、今のことだけ話せ！

そうは言っても、昔の友達と会わなければならないことはあるものだ。市会議員にでもなろうとか思う人は、必ずやらなきゃいけない。

「やあ○○君、三十年ぶりだねえ。ずいぶん太ったねえ。ところで、今度の選挙だけど…」というわけで、現実世界では大事な人脈だったりするものだ。

五十を過ぎてから同窓会とかで高校時代の友人に会ったとしたら、どうするか？

やっぱり昔のことは懐かしまない。そうではなくて、今自分がどれだけ仕事に

夢中かを話す。相手がビジネスに成功していたら、そのポイントを聞く。まわりがエネルギッシュな同年輩だと、これはすごく良い機会で、お互いに良い刺激になる。いつまでもライバルでいようぜ、というわけだ。間違っても、泣きながら『高校三年生』なんか歌ったら駄目なのは、言うまでもないだろう。

昔の友と会っても、過去の追憶に同調しないことだ。

「いろいろ良かったね、良かったね」

「うん、でも、私は今が一番幸せよ」

と、必ず宣《の》り直す。

本当は今が一番悲しかったとしても、しかし、これは輝かしい将来のための雌伏の修業の時だと思い、こうして一日一日カルマを抹消できているんだ、そうやって守護霊が導いているんだと思えばいい。いつも、「でも、私は今が一番幸せよ」「でも、僕は今が一番幸せなんだ」と終わることだ。

昔の友は懐かしいし、気心が知れているし、自分の人生の思い出が全部あるから、「いやあ、あの頃は……」となってしまう。多少はそれがあっていいのだが、しかし、過去の追憶の中に居過ぎてはいけないんで、しばらく居たら、すぐ戻る。

必ずその昔の友の御魂返し《みたまがえ》し（自分たちは年をとった、という観念を外す）をしてあげるつもりでこっちから話していく。

「でも、私は今が一番幸せよ。あなたは来年どうするつもりなの？　再来年どうするつもりなの？」

と、やるのである。

昔のことばっかり話していても、

「もう済んだ昔のことを話さないで、明日のことを話そうよ。来年はどんな目標で行くの？　再来年は？」

というふうにお話を持っていって、話題をそっちへ向ける。

自分がそう言うと相手もそう思う。相手が思うから、自分も過去に半分行きかかっていた気持ちが戻ってきて、未来に向かう。会話はそういうふうにしていかないと、つい過去に、引き込まれてしまう。

五十代で青春を生きるべきだ

こうして会話を進めると、煙ったがられることがあるかも知れない。昔の話に浸るのが心地良いという、魔窟ヶ原の住人になりきった人も多いからだ。でも、かなりの人はあなたのことを、

「素晴らしい人生を送っているな」

と思うはずだ。それに比べて自分はどうもだめだな、年とったな…と反省し、あなたのことを「あの人はまだ青春時代だよ」と言うだろう。

なぜなら、青春時代というのは、未来のビジョンばかりの時代だからだ。不安で、どうなのかなと迷っているにしても、未来のビジョンばかりだ。

「私、幼稚園の頃が幸せだったわ。ああ、もう幼稚園の頃は返って来ないんだわ」

なんて言う高校生はいない。

高校生で、そんなこと言ってたら、なに年寄りくさいことを言っているの、と言われる。友達とお話しするのでも話題はみんな未来のことだ。

「進路どうするの?」「どこの学校に行くの?」「就職するの?」「どんな人と結婚するの?」「どんな人が理想?」「えっ、来週デートなの?」と、話題はほとんど未来のことだからだ。

第一章の始まりに「若々しい年寄りこそ最高」と書いたが、こういう人のことなのである。決して珍しくはない。もう亡くなったが、先の笹川良一さんにしろ、新聞の一面に出てくる政界、財界のトップの人は、年齢的にはみんなじいさんだ。けれども、この人達の考えること、話すことは、みんな現在と将来をどうするかばかりだ。青春時代の追憶に浸っているなんてことはまずない。

「○○界の第一人者」というような人は、五十代でも八十代でも、百歳になっても、みんな青春時代を現在生きているのだ。だから若々しいのである。

老人クラブには喝を入れに行け!

だから、老人クラブに行くのはお勧めしない。老人クラブでは繰り言ばかりだからだ。

植松先生のお父さんも九十二で亡くなられたが、生前には老人クラブなんか行くものかとおっしゃっていた。将棋指しには行っても、あんな老人たちと一緒にいると悔やみ事ばかりで嫌だと言っていた。そしてご近所のおばさん相手に、「社会党は間違っとる」などと政治談義をやっていたのである。本当に元気溌剌《はつらつ》たるものだった。

だから、老人クラブには行かない方がいい。もし行くならば、「あ、そんな昔の話はやめましょう。Ｊリーグの話をしよう」とやった方がいい。

このように、霊界の法則がわかっている人は話題の調節ができるのだが、世間一般の人はそういうことがわからないから、ただの昔話になってきて、ズルズルと魔窟ヶ原へ行ってしまう。類は友を呼ぶで、同じようなのが集まっている。

もし、そういう場面に出会ったら、すかさず喝を入れてやる。向こうが目覚めたら、自分も頑張るぞと再び自分に喝を入れる。「心外悟道無し」。五十歳以上になったらそういう技術を持たないと、一生青春というい い状態が維持できなくなる。

十歳以上年下の人と話そう

よくお孫さんができてから、すごく若返るということがある。「私も、とうとうおばあちゃんになったのよ！　困っちゃう」とか言っているわりには、顔はニコニコ、お肌も以前よりツヤツヤしている。孫の顔を見たら老けこんだ、という人はまずいない。去年まではブックサ文句ばかりいってた干し柿みたいなじいさんが、孫をつかまえて、「ヨッちん、タッチ上手でちゅね。ベロベロバァー！」とか、見てる方が恥ずかしいほどになる。

これを霊的に見るとどうか。孫とおじいちゃん、おばあちゃんというのは、大変うまい具合に補完し合うのである。

孫がいると可愛いというだけではない。幼い子は先天の気を膨大に放出している。体温も高いのだが、気をあんまり放出するので自分も暑苦しい。ところがおじいちゃん、おばあちゃんの傍にいると、お年寄りは気を吸収してくれるから孫も気持ちがいいのだ。だから、赤ちゃんはお年寄りに良くなつくのである。

年をとった人は、孫の気を吸収するし、元気をもらうから、とても気持ちがいい。だから、おじいちゃんと孫が一緒とか、おばあちゃんと孫が一緒にいると、両方が気持ち良くいられるのだ。お母さんやお父さんには、子供が暑苦しくて、まめったいし、息苦しいと感じる場合もあるが、おばあちゃん、おじいちゃんにはいい。初めて子育てをする若い夫婦で、おじいちゃん、おばあちゃんが近くにいて助かるという人が多いのは、こういうわけなのである。

お年寄りと赤ちゃん、おじいちゃん、おばあちゃんの関係は、一般法則として成り立つ。この法則を五十代の人にあてはめると、「なるべく十歳以上年下の人と話すべきだ」となる。大体、若い人というのはエネルギッシュで暑苦しい。自分が、自分が、と自己主張が強いが、そうやって、赤ちゃんほどではないけれど気を発散する。

だから十歳以上年下の人と話をすると、その人が放出する気を吸収できるのである。五十代の人はなるべく四十代以下、三十代か二十代の人と。六十代の人は五十以下の人と話をしていると、自分よりも若い年代の話を吸収できる。だいたい、若い人から吸収していこう、若い人に入っていこうとする心が、やっぱり若いわけである。

共通項の話題がないから、お互い「ああ、懐かしいねえ、ああだねえ」などと同調することもない。例えば、五十代の人が『高校三年生』を話題にしようとしても、四十代の人は吉田拓郎とか陽水、三十代の人はユーミンやサザン、二十代の人はミスチルのことしか話そうとしないから、同調しようがないのである。すると話題は、必ずいかなる時代にも通用する普遍的な話になってくる。青春時代に触れないで、普遍的な未来と現在の話をするのがいい。例えばこうだ。

僕の年代になったら、こうだからねと言うと、相手も、その年代になればそうなのか…と思って、未来を思う。そこで、こちらも相手の「未来を思う」という感覚を受けられるのだ。

二十代、三十代の人には、「君たち将来どうなるつもりだ」と、なるべく話をさせる。「私たちは、ああしてこうして」と未来を思うという話になるから、それを吸収すると、自分もその人たちと話した後、「未来を思う私」というのができる。それなのに過去の繰り言を言い始めると、元気のある人でも、私もそう言えば過去がどうのこうのと、繰り言霊界へ引っ張り込まれてしまう。

十歳以上年が離れた人と話をすると、自分よりも若々しい気と、若々しい想念と、未来に発する思いを受けやすいから、自分もそういう世界に感応できて、ますます若くなるのである。

気のいい場所に出入りせよ

それともう一つ、気のいい場所に出入りするということが大切だ。想念とか、思いとか、霊界について書いてきたが、想念とか思いの前に気の世界がある。明るくて前向きで発展的で、意欲に満ちた伸びやかないい気という場所に行くと、いい想念が助長される。反対に、暗くてじめじめして冷たいような気の場所に行くと、暗い想念が引っ張り出されてくる。

気というのは、目には見えないが本当に大きく影響するものだ。たとえば、高級ないい気を発する霊が来ると、自分の過去の思い出からいい部分ばかりが抽出されて、ものすごく幸運で素晴らしい人生を送ってきた感じがして、今の自分も元気になってくる。このように、人は目に見えない世界の気に、実は大きく影響を受けている。だから、若々しい気をドンドン受けるべきなのである。

逆に、暗くて、寒くて、頽廃的《たいはいてき》な低級霊が来ると、自分の過去の記憶の中の辛かったこと、暗かったこと、重かったこと、悲しかったことの思い出だけを、記憶の中からその霊が抽出するのだ。だから、私は駄目なんだとか、未来は大変だから自殺しようとか、だんなを殴ろうかと考えるようになる。

「嫁さんが最低なんだ、こいつと結婚したために、わしの人生がぼろぼろになったあ」

と思ったり言ったりすると、奥さんが、

「私こそ、あなたと一緒になったために、ひどいことになったのよ。あのとき、マルオさんがいたし、ヒサオさんもいたのに、マルオさんとヒサオさん、どっちかと結婚すれば良かったわ」とくる。すると、

「僕にだって、ハナコさんとミドリさんがいたんだ」

とか言いながら、お互いが争い始めることになる。

どこが発端かというと、そのマイナスの霊が来たときだ。マイナスの気を受けるようなところに行くと、夫婦で喧嘩したときの思い出ばっかり出てきて、おまえとは喧嘩ばかりだったという気持ちになる。実際は楽しいときもいっぱいあっ

たとしても、おまえとは喧嘩ばかりだったと思ってしまうのだ。

いい気を受けて、いい霊が来たときには、

「おまえとも楽しい日々が続いて、いろいろといい思い出があったよね」

というふうに、過去の辛いことも多かったとしても、その思い出だけが出てくるのである。

神社の近くには住まない方がいい

そのように、いい気に触れるときにはいい記憶の部分が抽出され、悪い気に触れると悪い記憶の部分が抽出されるという法則がある。だから、なるべく、気のいい場所に出入りすべきだ。

特に神社に行くといい。しかし、稲荷神社はさける。また、神社でも何となく暗かったり、みずみずしさがなかったり、汚かったりする場所、歓楽街のど真ん中などにある神社は避けた方がいい。気の良い神社の見分け方は、『神社で奇跡の開運』（たちばな出版刊）という本に詳しく触れておいた。

また、いくら気のいい神社でも、長く居過ぎるとまずいこともある。気のいいところに行こうと思って、死んだ霊も集まってうろうろするからだ。だから、神社のすぐ傍に住むというのはなるべくやめたほうがいい。

気のいい人と会おう

なるべく気のいいところに出入りして、それから気のいい人と会う。『強運』で書いたのと原則は同じである。なるべく気のいい場所、気のいい人と会うことだ。そうすると、やはりよかった思い出が浮かんでくるから、未来もいいんじゃないかと思う。

年下と会うことを勧めてきたが、しかし年上の人であっても、前途洋々たる未来を話すような年上だったらいいのだ。あの年であんなに未来のことを思っているんだから、私も頑張らなきゃと思うようになる。とにかく、発する気のいい人のそばにいると、自分にも、そういう部分が出てくる。これは、「心外悟道無し」の切り替えのエネルギーも要らない。切り替えする努力も要らない。ただ、気のいい場所に出入りする努力をして、気のいい人と接触するだけで、自然にいいほうへ向かっていくから、年をとってきたら一番ありがたい方法だ。

　こうした他力を活用して、環境を整えていくと、最小限度の労力で運が開くし、未来が明るくなる。近くに気の良い場所が見当たらなければ、ワールドメイトのセミナーに参加するのもいい。若者が多いし、移動する神社のようなもので、気が回復する。

　方位や家相でも気を良くすることができる。いい家相の家にはいい気が集まり、良い霊が集まる。いつもきれいにお掃除をして、よい神霊をお迎えするつもりで清めれば、ますます良くなる。そうすると、想念もいいほうへ行くし、若々しい気持ちも返ってくる。若々しいということは、いい気に満ちていることでもあるのだ。

先天の気を衰えさせるな

　ところで、なんといっても先天の気に満ちているのが、赤ちゃんだ。

十月十日、赤ちゃんがお腹の中にいる間呼吸はしていない。それでもおでこから先天の気を吸収しており、これを胎息《たいそく》という。

十月十日の間、先天の気を胎息によって蓄えているから、可愛いし、元気だ。エネルギッシュというのは、気のもとが凝結しているから元気なのだ。年をとってくると、その赤ちゃんの頃のような先天の気が、徐々に使ってしまって少なくなってくる。

仙人の修行というのは、赤ちゃんの頃のような先天の気を体中にめぐらす。小周天、大周天と言って、体中にその先天の気をめぐらすことによって、真の仙人は赤ちゃんのような顔をしている。

私は、ガブリエル天使とミカエル天使に拝顔したことがあるが、赤ちゃんのような顔をしているのだ。

人は気が減衰することによって老化する。物の考え方も、成熟してくるならいいが、衰退になってはいけない。だから、絶えず気のいい場所である神社とか、気のいい人とか、いい家相の家とかを選ぶと良い。旅行も、吉方位を使って行くとよい。手っ取り早くいい気を吸収する方法なのだ。

花や観葉植物で邪気払いインテリア

年をとったら、お花を植えて咲かせるのも良い。お花の妖精、フェアリーというのはいい気を発するから、家の中をいつもきれいにしてお花をいつも飾っておくことだ。

それから、樹木の気というものがあるから、森林浴とかもいい。観葉植物もいい。これは家相の先生に聞いてなるほどと思ったのだが、観葉植物というのは偉大な働きをしてくれる。

例えば、運の弱い店というのは、衰運の気を持っている。すなわち先天のいい気が乏しいから、運が悪いわけだ。そうすると、運が悪い人が集まってきて、ますます運が衰退してくる。運が悪い人というのは、マイナスの低い気を持っているから、私もそういう人としばらく会っていると、吸い取られてしまってどっとくたびれる。

私の場合、また神様から補給するのだが、観葉植物を使う手もある。葉の大きいもので、一・五メートル以上の観葉植物を部屋の真ん中に置くと、そこからオーラが出て、邪気を払っていい気を与えてくれる。こういうものをお部屋に置くだけでいい気を維持できて、悪い気を払ってくれるからやってみられるといい。詳しくは、拙著『グリーンインテリア　観葉植物の伝説』（たちばな出版刊）をご参考されたい。

霊的に最高の居住環境を！

同じ神社でも、樹木のない、森のない神社というのは、邪気が凝結して神がいない。神社にはあれだけたくさんの人が参拝するから、われよしのお祈りや執着心を放出する人もいる。それでも邪気がない神社、すがすがしいという所には必ず森がある。ただし森も、花咲くような花園ではなくて、花が咲かないような、マツとかスギなどが良い。また、葉が大きくて、樹木の木霊が生い茂っているものというのがいい。それらは神気をたたえて、邪気を自然に払ってくれるパワーが強いからである。

そういう森の多いところの家、森の傍の家に住むことが良い気をもらえる秘訣だ。でなければ、観葉植物をいっぱい置いて、樹木の気を受けることによって、いい気を維持できるようにするのがいいだろう。

家に樹木があれば、邪気を払い、いい気を蓄えてくれる。そういう家に住み、そういう部屋に住む努力をすることによって、いい気が維持できる。その「気」をおろそかにしてはならない。ここまで述べてきたように、そのいい気を保つことこそ、若々しい人生を生み出す秘訣の一つなのである。

深見東州氏の活動についてのお問い合わせは、下記までお願いいたします。
また、無料パンフレット（郵送料も無料）が請求できます。ご利用ください。

お問い合わせ　フリーダイヤル
0120 - 50 - 7837

◎ワールドメイト

東京本部	TEL	03-6861-3755
関西本部	TEL	0797-31-5662
札幌	TEL	011-864-9522
仙台	TEL	022-722-8671
東京（新宿）	TEL	03-5321-6861
伊勢・中部	TEL	0596-27-5025
名古屋	TEL	052-973-9078
岐阜	TEL	058-212-3061
大阪（心斎橋）	TEL	06-6241-8113
大阪（森の宮）	TEL	06-6966-9818
高松	TEL	087-831-4131
福岡	TEL	092-474-0208

◎ホームページ
https://www.worldmate.or.jp

教授者。高校生国際美術展実行委員長。現代日本書家協会顧問。社団法人日本ペンクラブ会員。現代俳句協会会員。

　カンボジア王国国王より、コマンドール友好勲章、ならびにロイヤル・モニサラポン大十字勲章受章。またカンボジア政府より、モニサラポン・テポドン最高勲章、ならびにソワタラ勲章大勲位受章。ラオス政府より開発勲章受章。中国合唱事業特別貢献賞。西オーストラリア州芸術文化功労賞受賞。西オーストラリア州州都パース市、及びスワン市の名誉市民(「the keys to the City of Perth」、「the keys to the City of Swan」)。また、オーストラリア・メルボルン市の名誉市民及びシドニー市市長栄誉賞受賞。紺綬褒章受章。ニュージーランド政府より、外国人に与える最高勲章ニュージーランドメリット勲章を受章。このような学歴や名誉に関係なく、普通で飾らない性格や、誰とでも明るく楽しく話す人間性が特色。

　西洋と東洋のあらゆる音楽や舞台芸術に精通し、世界中で多くの作品を発表、「現代のルネッサンスマン」と海外のマスコミなどで評される。声明《しょうみょう》の大家(故)天納傳中大僧正に師事、天台座主(天台宗総本山、比叡山延暦寺住職)の許可のもと在家得度、法名「東州」。臨済宗東福寺派管長の(故)福島慶道師に認められ、居士名「大岳」。ワールドメイト・リーダー。182万部を突破した『強運』をはじめ、人生論、経営論、文化論、宗教論、書画集、俳句集、小説、詩集など、文庫本を入れると著作は290冊以上に及び、7カ国語に訳され出版されている。その他、ラジオ、TVのパーソナリティーとしても知られ、多くのレギュラー実績がある。

(2018年7月現在)

深見東州（ふかみ とうしゅう）

本名、半田晴久。別名戸《と》渡《と》阿《あ》見《み》。1951年生まれ。同志社大学経済学部卒。武蔵野音楽大学特修科(マスタークラス)声楽専攻卒業。西オーストラリア州立エディスコーエン大学芸術学部大学院修了。創造芸術学修士(MA)。中国国立清華大学美術学院美術学学科博士課程修了。文学博士(Ph.D)。中国国立浙江大学大学院中文学部博士課程修了。文学博士(Ph.D)。カンボジア大学総長、教授(国際政治)。東南アジアテレビ局解説委員長、中国国立浙江工商大学日本文化研究所教授。また有明教育芸術短期大学教授などを歴任。ジュリアード音楽院名誉人文学博士ほか、英国やスコットランド、豪州で5つの名誉博士号。またオックスフォード大学やロンドン大学の名誉フェローなど。カンボジア王国政府顧問(上級大臣)、ならびに首相顧問。在福岡カンボジア王国名誉領事。アジア・エコノミック・フォーラム ファウンダー(創始者)、議長。クリントン財団のパートナー。オペラ・オーストラリア名誉総裁。また、ゴルフオーストラリア総裁。ISPS HANDA PGAツアー・オブ・オーストラレイジア総裁。世界宗教対話開発協会(WFDD)理事、アジア宗教対話開発協会(AFDD)会長。

国立中国歌劇舞劇院一級声楽家、国立中国芸術研究院一級美術師、北京市立北京京劇院二級京劇俳優に認定。宝生流能楽師。社団法人能楽協会会員。IFAC・宝生東州会会主。「東京大薪能」主催者代表。オペラ団主宰。明るすぎる劇団東州主宰。その他、茶道師範、華道師範、書道

新書　新装版
五十すぎたら読む本
令和元年六月三十日　初版第一刷発行
著　者　深見東州
発行人　杉田百帆
発行所　株式会社　たちばな出版
〒167-0053
東京都杉並区西荻南二丁目二〇番九号
たちばな出版ビル
電話　〇三-五九四一-二三四一（代）
FAX　〇三-五九四一-二三四八
ホームページ　https://www.tachibana-inc.co.jp/
印刷・製本　萩原印刷株式会社
ISBN978-4-8133-2636-6

スーパー開運シリーズ

各定価（本体1000円＋税）

強　運

深見東州

●182万部突破のミラクル開運書―ツキを呼び込む四原則

仕事運、健康運、金銭運、恋愛運、学問運が爆発的に開ける。神界ロゴマーク22個を収録！

特別付録「著者のCD」付き‼

大 金 運

深見東州

●81万部突破の金運の開運書。金運を呼ぶ秘伝公開！

読むだけで財運がドンドン良くなる。金運が爆発的に開けるノウハウ満載！

特別付録「著者のCD」付き‼

神界からの神通力

深見東州

●38万部突破。ついに明かされた神霊界の真の姿！

不運の原因を根本から明かした大ヒット作。これほど詳しく霊界を解いた本はない。

特別付録「著者のCD」付き‼

神 霊 界

深見東州

●28万部突破。現実界を支配する法則をつかむ

人生の本義とは何か。霊界を把握し、真に強運になるための奥義の根本を伝授。

特別付録「著者のCD」付き‼

大 天 運

深見東州

●38万部突破。あなた自身の幸せを呼ぶ天運招来の極意

今まで誰も明かさなかった幸せの法則。最高の幸運を手にする大原則とは！

特別付録「著者のCD」付き‼

◆心が風邪を引いたときに読む本。
コルゲン講話
東州ケロちゃん（又の名を深見東州）
定価（本体809円＋税）

◆背後霊、守護霊が、あなたをいつも守っている。
背後霊入門
東州ダンシングフラワー（又の名を深見東州）
定価（本体809円＋税）

◆正しく霊界のことを知れば、幸せになれる！
よく分かる霊界常識
東州イグアナ（又の名を深見東州）
定価（本体809円＋税）

◆宇宙のパワーで強運をあなたのものに！
宇宙からの強運
東州土偶（又の名を深見東州）
定価（本体809円＋税）

◆読むだけで人生が変わる！　恋も仕事も勉強も大成功
どこまでも強運
スリーピース東州（又の名を深見東州）
定価（本体809円＋税）